KB269458

행복 만들기 연습
ⓒ 들녘 2011

초판 1쇄 발행일  2011년 2월 7일

지은이     피에르 프랭크
옮긴이     유영미
펴낸이     이정원
대  표     배문성
책임편집   김상진

펴낸곳   도서출판 들녘
등록일자   1987년 12월 12일
등록번호   10-156

주소   경기도 파주시 교하읍 문발리 파주출판단지 513-9
전화   마케팅 031-955-7374   편집 031-955-7381
팩시밀리   031-955-7393
홈페이지   www.ddd21.co.kr

값은 뒤표지에 있습니다. 잘못된 책은 구입하신 곳에서 바꿔드립니다.
ISBN 978-89-7527-961-4(13320)

# 행복 만들기 연습

피에르 프랑크
유영미 옮김

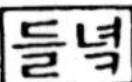

차 례

## 3부

# 공명장을 만들고 진정한 '나'를 찾아라



## 4부

# 당신의 삶에 공명의 해답이 있다

# 인생을 어떻게 살고 싶은가?



하고 싶은 건 다 할 수 있고, 원하는 건 다 이룰 수 있다면 어떻게 살고 싶은가? 그 누구도 당신의 꿈이 황당하고, 말도 안 되고, 어이없다고 면박을 주지 않는다면 어떤 사람이 되고 싶은가? 상상을 실현할 수 있다면 당신은 무엇이 되고 싶은가? 무엇을 해야 당신은 행복할 것 같은가?

고등학생 시절, 나는 종종 나 자신에게 이런 질문을 던지곤 했다. '어떻게 살 것인가?' 하는 물음은 나뿐 아니라 또래 친구들에게도 아주 중요했다. 그도 그럴 것이 우리는 진로를 결정해야 할 시점에 놓여 있었다.

어른들에게 그런 질문을 던지면 그들은 이해할 수 없다는 표정을 짓고, 당황스러워했다. '어떻게 살 것인가?'라는 물음을 더 이상 스스로에게 묻지 않는 나이가 돼버린 것이다.

그러나 나이가 들었어도 나는 여전히 그런 물음을 던진다. 요즘에는 그 어느 때보다 더 많이 나 자신에게 묻는다. 그 대답이 내 삶을 결정하기 때문이다. 대답에 따라 나의 바람, 결정, 판단, 확신, 삶의 방향이 달라진다. 심지어 주변세계도 변한다. 결국에는 내 인생이 바뀌는 것이다.

요즘도 마찬가지로 성인들에게 그런 질문을 던지면 역시나 반응이 시큰둥하다. 사람들은 대부분 더 이상 그런 물음에 관심이 없다. 왜 그럴까? 자신의 삶을 변화시킬 수 없다고 확신한다면 그런 생각을 하기가 힘들기 때문이다.

하지만 이런 확신 때문에 삶을 변화시키지 못하는 것은 참 안타까운 일이다. 확신이 삶의 시나리오를 완성하기 때문이다.

양자물리학, 양자생물학, 현대 수학, 후성유전학 등 여러 학문 분야에서 놀라운 사실들이 밝혀지고 있다. 건강에서 질병까지, 면역방어에서 호르몬 대사까지, 자가 치유력에서 행복까지 인간은 스스로 믿게 되는 확신의 힘을 내포하고 있다고 한다.

한계는 머릿속에만 있을 뿐 당신은 무한한 가능성의 세계 앞에 서 있다. 이런 말은 당신을 북돋우고 격려하기 위한 사탕발림이 아니라 과학적인 근거에서 비롯된 말이다. 확신은 자신의 삶에 영향을 줄 뿐만 아니라, 주변 온 세계에 영향을 준다는 것이 과학적으로 입증됐다. 당신은 생각과 감정의 힘으로 당신이 바라는 변화를 이루어낼 수 있다.

심지어 '새로운 확신'으로 자신의 DNA까지 변화시킬 수 있다. 자가 치유력을 자극할 수 있고, 삶에 행복과 기쁨을 불어넣을 수도 있고, 마음먹기에 따라 가능한 한 모든 것을 이룰 수 있다.

불가능하다고 생각하는 순간, 꿈은 정말 불가능해진다.

가능성은 무한하다. '이런 말은 정말 터무니없어', '뻔하디 뻔한 말이군' 하는 생각 또한 당신의 확신이다. 그 확신이 옳다, 틀리다, 좋다, 나쁘다 하고 판단할 수 없다. 그저 당신의 확신일 따름이다. 하지만 단언하건대 당신의 삶은 확신에 따라 전개될 것이다.

그런데 당신의 확신이 거짓된 사실과 정보에서 비롯됐다면 어떡할 것인가?

앞서 말했듯이 인간이 생각, 감정, 확신을 통해 소망을 실현할 수 있다는 것은 과학적으로 증명됐다. 감정적으로 뒷받침되고 입력된 확신은 엄청난 공명장을 만들어내고, 싫든 좋든 함께 진동할 수 있는 모든 것을 공명장의 진동으로 포착할 수밖에 없기 때문이다.

따라서 문제는 당신이 지금 어떤 공명장을 만들어내고 있는가 하는 것이다.

당신은 이제 핵심적인 주제에 도달했다.


원하는 것을 다 이룰 수 있다면 당신은 어떻게 살고 싶은가?

당신을 방해하는 것은 무엇인가?

## 1부

# 공명,
## 새로운 '삶'과
## 행복의 개념이
# 펼쳐진다

# 당신은 지금 인식의 경계 지점에 서 있다

당신의 모든 확신이
거짓된 사실과 정보에서 비롯됐다면 어떡할 것인가?

이 책의 1부는 이성에 대한 도전이다. 이제부터 책장을 넘기게 되면 당신은 지금까지 이성적인 현실과는 전혀 다른 현실과 맞닥트리게 될 것이다. 그러므로 머릿속의 이성이 거부 반응을 일으킨다 하더라도 놀라지 말기를 바란다. 지금부터 설명하는 내용이 믿기지 않거나 이해되지 않거나 터무니없이 느껴질 수도 있다. 그러나 이성이 어떻게 반응하느냐는 중요하지 않다. 소개할 내용들은 이미 오래전에 과학적으로 증명된 사실들이다.

하지만 나 스스로도 이러한 사고의 체계를 받아들이고 활용하기까지 상당히 오랜 시간이 걸렸다.

새로운 과학적인 인식에 이성이 약간 거부감을 느낄지라도 너무 조바심을 느낄 필요는 없다.

시대는 매 순간 진보하고 새로운 경계를 타진한다.
당신은 지금 경계 지점에 서 있다.

이런 의식의 변화에 참여한다는 것이 흥분되지 않는가? 새로운 인식들은 공명의 법칙이 무엇인지, '세상과 공명하는 법'을 어떻게 효과적으로 활용하여 행복을 느끼고, 소망을 이룰 수 있는지 명확하게 알게 될 것이다.

# 공명의 법칙: 비슷한 것은 비슷한 것을 끌어당긴다

|

Resonatia= 반향

Resonace= 메아리, 반향, 공명, 공진

|

공명의 법칙을 알면 우주 안의 모든 사람, 사물, 현상이 의사소통을 어떻게 하는지 이해할 수 있다. 우리가 알고 있는 세계에서 모든 사물과 생물은 고유한 진동을 지니고 있다. 신체 기관과 세포까지도 고유한 진동이 있다. 과학자들은 물질의 진동에너지를 연구하다가 서로 다른 물체들이 서로 다른 주파수로 진동하는 것을 발견했다. 몇몇 물체들은 같은 주파수나 거의 비슷한 주파수로 진동한다.

피아노 건반을 누르면 그 음과 공명하는 모든 현—즉 그 음을 알아보고 조화를 이루는 모든 현—이 진동한다. 그 음들은 더 높을 수도, 더 낮을 수도 있다. 공명하면 그것들은 진동하게 된다.

당신이 만든 주파수와 공명하는 사람, 사물, 사건은
당신 내부에서 만들어내는 공명장을 거부하지 못한다.

그것들은 반응하게 된다.

퉁긴 건반의 현과 공명하는 피아노의 모든 현이 공진할 수밖에 없는 것처럼 사람이나 사물, 경험도 당신과 같이 진동을 한다면 함께 공진하지 않을 수 없다.

다른 사람들이 당신의 에너지와 진동하게 되면 어떤 점이 좋을까? 여기서 공명 법칙의 두 번째 기본 명제가 나온다.

비슷한 것은 비슷한 것을 끌어당긴다.

당신과 함께 공명하는 모든 것은 어쩔 수 없이 당신의 삶으로 끌려온다. 그것이 언제나 긍정적일 필요는 없다. 진동이 너무 강해서 물질을 파괴하는 경우도 있다. 오페라 가수는 목소리의 울림만으로 유리컵을 깨뜨릴 수 있다. 그는 공간을 통해 에너지를 유리컵으로 보낸다. 이때 전달된 에너지가 유리컵과 같은 진동을 지니고 있다면, 즉 유리컵의 분자구조와 똑같은 주파수를 지니고 있다면 유리컵을 깰 수 있다.

물론 당신은 유리컵처럼 '금이 가지는 않는다'. 그러나 당신이 마음속에 '부정적인' 진동 에너지를 담고 있다면 당신 안에서 당신이 원하지 않은 진동이 일어나게 되고, 불쾌하거나 심지어 앞으로의 삶에 커다란 영향을 받을 수 있는 충격적인 사건에 말려들 수도 있다.

그러므로 당신이 어떤 고유 진동 가운데 있는지, 의식적으로든 무

의식적으로든 어떤 공명장을 만들어내는지 파악하는 것은 아주 중요
하다.

# 소망, 심장에서 뿜어내는 행복에너지



심장은 예로부터 '사랑의 상징'이자 '감정 센터'로 여겨져 왔다. 하지만 현대에 와서 과학과 의학은 심장이 신체를 통해 피를 순환하는 펌프에 불과하다고 이야기한다. 우리 '평범한 사람들'은 그런 논지에 과학적으로 반박할 수는 없지만, 심장이 감정 센터라는 확신은 쉽게 떨쳐낼 수가 없다. 그런 확신은 일상의 언어 습관에서도 무수히 반영된다.

1993년에 이루어졌으나 공개되지 않은 연구는 이런 세간의 생각이 진실이며, 과학자들이 틀렸다는 사실을 보여주었다. 과학자들은 학문의 결과가 오류를 범했다는 사실을 쉽게 인정하지 못한다.

1991년에 창립되어 그동안 놀라운 발견으로 세계적인 인정을 얻게 된 허트매스(HeartMath) 연구소는 감정의 생리학과 심장, 뇌―상호작용 분야의 기초 연구를 실행해 왔다. 1993년에는 감정이 인간의 신체에 미치는 힘을 살펴보고자 심장을 집중적으로 연구했다.

과학자들은 첫 연구에서부터 쉽게 받아들일 수 없는 놀라운 사실을 발견했다. 그리고 이러한 사실을 더 일찍 발견하지 못했다는 것에 적잖이 당황했다. 바로 심장이 엄청난 에너지 장에 둘러싸여 있다는 사실이었다. 더욱 놀라운 사실은 무려 에너지 장의 크기가 직경 약 2.5미터나 될 만큼 강력하다는 것이었다!

심장이 만들어낸 에너지 장이 두뇌의 에너지 장보다 훨씬 크다! 지금까지는 두뇌의 전자기 임펄스가 가장 멀리 '송신'된다는 인식이 지배적이었는데, 그보다 훨씬 큰 에너지 장이 발견된 것이다. 심장의 에너지 장은 아주 강력해서 신체를 넘어 훨씬 멀리까지 뻗어나간다. 연구에 참여한 과학자들은 심장에서 방사되는 에너지 장이 측정되는 것보다 훨씬 더 멀리까지 뻗어갈 것으로 예측한다. 그러나 현재의 불충분한 측정기기로는 아직 그 이상 측정이 가능하지 않다.

과학자들은 놀라운 마음을 애써 진정하고 심장 주변의 에너지 장이 대체 어떤 역할을 하는지 살펴보았다. 연구결과를 확인한 그들은 다시 한 번 놀라지 않을 수 없었다.

심장이 만드는 전자기장은 신체 기관들과 의사소통을 한다.

과학자들은 심장과 두뇌가 연결되어 있다는 것도 밝혀냈다. 즉 심

장은 두뇌에게 체내가 무엇을—호르몬, 엔도르핀, 기타 화학성분
등—생성해야 하는지 신호를 보낸다.



모든 정보를 분배해주는 것은 심장이다! 하지만 심장은 어떤 방식
으로 두뇌 및 신체 기관들과 '의사소통'을 할까?

거듭된 일련의 실험에서 모든 정보는 '감정'을 통해 전달되는 것으
로 밝혀졌다. 따라서 감정 안에 모든 정보가 들어 있다. 심장은 감정
을 통해 두뇌와 각 기관에게 신체에 무엇이 필요한지를 알려준다.

그뿐만이 아니다. 심장이 방출하는 전자기장이 감정으로만 이루어
지지 않다는 것도 밝혀졌다. 감정보다 더 영향력 있는 요소가 발견되
었다. 바로 인간의 '확신'이었다. 우리가 내면 깊이 믿고, 믿음에 따라
살아가는 모든 것. 이 모든 것은 우리의 심장이 방출하는 에너지 속에
정보로 담겨 있고, 우리의 신체 중 가장 큰 송신력으로 두뇌와 신체기
관뿐만 아니라 몸 밖으로 멀리까지 전달된다.

심장은 당신의 모든 확신과 감정을
전자기 진동과 전자기파로 변화시키는 중재자 역할을 한다.

이런 전자기파는 신체뿐 아니라 주변 세계에 영향을 주고, 당신을

둘러싼 모든 것과 상호작용을 한다.

심장은 모든 확신과 상상과 감정을 다른 '언어'―진동과 파동이라는 암호화된 언어―로 번역하여 내보낸다.

확신은 심장이 보내는 전자기 파동을 통해<br>물리적인 세계와 상호작용한다.

허트매스 연구소의 과학자들이 발견한 심장이 방출하는 에너지를 간략하게 설명하면 아래와 같다.

● 심장이 보내는 전기 신호(EKG)는 두뇌의 전기 신호(EEG)보다 최대 60배까지 강하다.
● 심장의 자기장은 두뇌의 자기장보다 5000배나 강하다.

심장은 두뇌보다 훨씬 더 많은 에너지를 방출한다.

이 사실을 아는 것이 왜 중요할까? 간단하다. 이를 통해 어떤 소망은 아주 쉽게 이루어지고, 어떤 소망은 부단히 노력하는데도 이루어지지 않는지 알 수 있기 때문이다.

● 소망이 이루어진다는 것에 대한 '감정적인 확신' 없이 계속 그 소망을 말하거나 눈앞에 그리면 두뇌만 전자기파를 방출할 뿐, 감정 센터인 심장은 우리의 '진짜' 확신인 의심과 불안을 5000배나 강하게

세계로 내보낸다. 그 결과가 어떨지는 뻔하다. 당신이 가슴 깊이 믿
는 것만이 당신의 삶 속에서 이루어질 수 있다.

감정의 힘으로 확신을 뒷받침하면 방출되는 에너지는 엄청나게 커
진다. 그러나 슬프고, 우울하거나 에너지가 고갈된 상태에 있으면 행
복을 꿈꾸고 소망할 수는 있지만, 가슴속에서 방출되는 쓸쓸한 감정
의 힘은 이성에서 나오는 소망보다 훨씬 크다.

예나 지금이나 세계적인 현인들이 '가슴으로 봐야 한다'고 계속 강
조하는 것은 다 이유가 있다.

당신은 가슴으로 세계를 변화시킬 수 있다.

세계의 현인들이 지금까지 꾸준히 설파해온, 형이상학적인 말은
실은 과학적으로도 입증이 된 '사실'이었다.

믿는 것은 이루어진다.
믿음은 가장 강하고 측정 가능한 에너지로
심장을 통해 방출되기 때문이다.

● 심장은 체내에서 두뇌가 호르몬, 엔도르핀, 기타 화학물질 중 무엇
을 생성해야 하는지 두뇌에게 알려준다.

- 심장은 신체의 가장 강한 송신소이다. 심장은 우리가 활용할 수 있는 가장 강한 전자기 에너지를 만들어낸다.
- 심장에서 나오는 전자기파는 감정과 확신으로 만들어진다. 긍정적이든 부정적이든 이런 파동은 엄청난 강도로 세계에 전송된다.
- 심장은 확신을 다른 언어, 즉 암호화된 언어인 파동으로 바꾸고 엄청난 에너지를 발산하는 중재자 역할을 한다. 즉 확신이 전송되고, 공명의 법칙에 따라 공진하는 에너지를 찾는다는 의미다.
- 비슷한 것은 비슷한 것을 끌어당긴다. 당신의 에너지와 더불어 공명하는 모든 것이 당신의 삶에서 이루어진다. 즉 당신이 확신하는 것들이 당신의 삶에서 이루어진다.

그러므로 소망에서 가장 중요한 것은 다음과 같다.

- 무엇을 소망하든 머리에서 마음으로 옮겨라.
- 소망이 이루어지리라는 것을 계속해서 확신해라.
- 소망을 이루려면 스스로 먼저 행복을 느껴라.

당신의 의식을 컨트롤할 수 있어야
삶에서 이루고 싶은 것들과 공명할 수 있다.

당신이 가슴 깊이 믿는 것만이 실현될 수 있다. 무엇보다 당신이 '스스로에 대해' 무엇을 믿는가가 중요하다. 스스로를 어떻게 생각하

느냐가 당신의 경험을 결정한다. 모든 힘이 외부가 아닌, 당신 내부에
서 나온다는 것을 이해할 때 비로소 실현할 수 있는 힘을 느끼게 된
다. 외부 세계는 내면의 의식을 계속해서 반사할 뿐이다.

# 세계는 이미 '공명장'이라는 매트릭스의 질서에 놓여 있다



우리는 다른 사람들과 나는 별개라는 의식을 지니고 자라났다. 이런 의식은 당연히 고립감과 고독감으로 이어진다. 나는 나와는 상관없이 '우연히' 던져진 것처럼 보였다. '나'가 있고, 나머지 세계가 있었다. 이런 인식은 아주 당연한 것이 되어버려 감정적으로는 거부감이 들어도 우리는 그 사실을 의심하지 않았다. 우리의 삶 역시 그 생각을 뒷받침해주었다.

그러나 이러한 인식은 과학 앞에서 흔들리고 있다. 과학적 결과물을 통해 그와 정반대라는 사실이 밝혀졌다. 우리는 각자 서로 분리되어 있지 않다! 모든 것은 서로 연결되어 있고, 영향을 주고받는다. 소망의 에너지와 관련해서 이런 인식은 굉장히 중요하다. 과학적인 인식들을 잠시 살펴보자.

1995년 블라디미르 포포닌과 페터 가리예프의 주도하에 시행된 러시아 과학 아카데미의 연구가 변화의 출발점이 되었다. 실험 결과는 충격을 줄 만큼 놀라웠다. 도저히 믿을 수 없었던 미국 과학자들은 러시아 과학자들의 실험을 직접 따라 하고 나서야 받아들이게 됐다. 그 이후 연구 결과가 미국에서 발표됐다.

블라디미르 포포닌과 페터 가리예프는 빛의 입자—소위 광자-를 이용하여 DNA의 특성을 연구했다. 그들은 실험의 일환으로 진공상태를 만들기 위해 관에서 모든 공기를 없앴다. 과학자들은 특수한 도구로 빈 관 속에 광자(빛의 에너지)를 정밀하게 측정했다. 처음에는 모든 것이 예상대로 진행됐다. 광자들은 진공관 속에서 무질서하게 확산되어 있었다.

이어 과학자들은 인간의 DNA 표본을 관 속에 넣었다. 그러자 아주 놀라운 일이 벌어졌다. 광자들의 배열이 달라졌던 것이다. DNA는 광자들에게 직접적으로 영향을 주었다. 마치 보이지 않는 힘이 가해진 것처럼 진공관 속의 광자들 사이에 규칙적인 패턴이 생겨났다. 결론은 확실해졌다.

인간의 DNA는 물리적인 세계에 직접적으로 작용한다.

기존의 물리학에서 이런 일은 여태껏 관찰된 적이 없었다. 더욱이 기존의 물리학적인 논리로는 전혀 예견할 수 없었던 일이었다.

광자들은 이해할 수 없는 행동을 한 것이었다.

과학자들은 자신들이 발견한 사실에 흥분했다. 그러나 흥분하기에는 아직 일렀다. 그다음 일어난 일은 가히 혁명적이라고 할 만큼 과학적인 사건이었다. 과학자들은 진공관에서 DNA를 꺼내면 광자 배열이 해체되고, 광자는 다시금 예의 그 무질서한 배열로 돌아가리라 생각했다. 하지만 그렇지 않았다! 광자들은 마치 DNA가 여전히 존재하는 것처럼 질서 정연한 배열을 유지했다.

과학자들은 실험을 여러 번 반복했고, 도구를 점검했다. DNA가 진공관 속에 조금이라도 남아 있는 게 아닌지 면밀히 살펴보기도 했다. 그러나 실험을 반복할수록 결론은 더욱 확실해지기만 했다. 광자와 DNA는 물리적으로 멀리 떨어져 있을지라도 여전히 서로 연결되어 있었다는 것이다! 그것들은 양자물리학에서 '양자장'이라 불리는 장을 통해 서로 연결되어 있는 것 같았다. '텅 빈 공간'은 전혀 텅 비어 있지 않고, 무수한 정보들이 파동으로 확산되고, 움직이고 있었던 것이다.

이 실험은 공명의 법칙에 대해 시사하는 바가 크다. 모든 것은 서로 연결되어 있고, 이들을 이어주는 양자장이 존재한다는 이론을 뒷받침해준다. 앞서 설명한 실험이 특별한 것은 최초로 이런 에너지가 과학적으로 증명되었기 때문이다.

이렇듯 모든 것과 모든 것을 연결하는 에너지 장은 오래전부터 여러 이름으로 불려왔다. 과학자에 따라 '양자장'이라 하기도 하고, '신적 매트릭스'라 하기도 하고, '필드(장)'라 하기도 하고 '양자 홀로그램'이라 하기도 한다. 이런 에너지 장이 특별한 이유는 지금까지 알려진 그 어떤 에너지 형식과도 같지 않기 때문이다.

에너지 장은
내부와 외부세계를 잇는 다리이다.


음파가 공기를 매개체로 활용하는 것처럼 우리가 보내는 확신과 생각의 에너지 역시 세계로 전달되기 위해서는 물리적 매개물이 필요하다. 양자장이 바로 그 역할을 한다.

에너지 장은 당신이
의식하든 의식하지 않든
당신을 모든 것과 연결한다.


'수신자'가 당신에게서 얼마나 멀리 떨어져 있는지는 중요하지 않다. 그 사람이 이웃이든, 세계 반대편에 있는 사람이든 상관없다. 공명장은 언제나 적절한 대상을 발견한다. 대상이 되는 사람이 그것을 모르고 있다 해도 말이다.

# 모든 것을 결정하는 '확신'의 힘

|

사실은 무시한다고 세상에서 없어져버리는 것이 아니다.
_앨도스 헉슬리

|


감정이 신체에 막대한 영향을 끼친다는 것은 오래전부터 알려진 사실이다. 과학계과 의학계에서도 이 사실을 누누이 확인했다. 또한 지금까지의 견해에 따르면 DNA는 불변한다.

과연 그럴까?


허트매스(HeartMath) 연구소는 1992년에서 1995년에 걸쳐 감정이 DNA에 미치는 영향을 연구했다. 과학자 글렌 레인과 롤린 맥크래티는 인간의 DNA를 채취하여 비커에 넣은 다음 강한 감정에 노출시켰다. 실험참가자들은 정신 가다듬기, 긍정적인 감정에 집중하기 등 다양한 정신적, 감정적 기법을 활용하여 강한 감정을 몸속에서 발생했다.

실험결과는 매우 인상적이었다. 애초에 설마 그런 방식으로 DNA에 영향을 줄 수 있을까 하는 심정으로 실험을 지켜보던 과학자들은 기존의 물리학 법칙으로 설명할 수 없는 현상을 관찰할 수 있었다. 실험대상자들이 강한 감정을 내보내는 동안 DNA가 강한 전기적 반응을 보인 것이 측정되었다. 실험참가자들은 감정만으로 비커 속의 DNA 분자에 영향을 끼칠 수 있었다.

인간의 감정은 DNA 형태에 영향을 준다.

이성적으로는 이해하기 힘들다. 우리는 DNA가 변하지 않는다고 배웠다. 인간은 DNA를 가지고 태어나고, 몸속에 있는 것이든 몸 밖에 있는 것이든 그 무엇도 DNA에 영향을 끼칠 수 없다고 알고 있었다. 그런데 DNA가 변할 수 있으며 심지어 아주 섬세한 에너지 진동에 반응한다는 것이 확인되었던 것이다.

허트매스 연구소는 한 걸음 더 나아가 인간의 태반 DNA의 반응을 연구했다. 이것은 가장 순수한 형태의 DNA이다.

실험을 위해 28개의 태반 DNA를 비커에 하나씩 담아 강한 감정을 유발하는 훈련을 받은 28명의 연구원들에게 나누어 주었다. 테스트에서 DNA가 연구원들 각각의 감정에 맞춰 형태를 바꾼다는 것이 증명되었다. 연구원이 인정, 사랑, 감사 같은 것을 느끼면 DNA는 이완된 반응을 보이고 스트링을 열었다. 즉 DNA 스트링이 길어졌다. 반면 연구원들이 좌절, 두려움, 분노, 스트레스를 느끼면 DNA는 더 짧아졌다. 심지어 많은 코드를 꺼버리기도 했다(차단해버렸다). DNA는 수

축하면서 부정적인 감정에 반응했다.

이 실험을 통해 부정적인 감정이 우리를 외부세계와 차단해버리는 이유가 확실해졌다. 화가 나거나 기분이 나쁘면 우리는 고립감을 느끼고, 단절된 느낌을 받는데, DNA 또한 마찬가지라는 것이다. 차단하는 주체는 바로 우리 자신이다!

차단되었던 DNA 코드는 연구원들이 다시 기쁨, 인정, 감사, 사랑의 감정을 느끼자 곧바로 변했다. DNA 코드는—전등이 켜질 때처럼—다시 켜졌다.

감정을 통해 DNA에서 측정된 변화는 전자석보다 훨씬 크고 광범위하게 영향을 끼쳤다.

깊은 사랑을 느끼는 사람들은<br>DNA를 변화시킬 수 있다.

연구소는 에이즈 환자들을 대상으로 실험을 계속했다. 이들 또한 마찬가지였다. 인정, 감사, 사랑의 감정을 느끼면 그렇지 않았을 때보다 저항력이 30만 배나 커진다는 것을 알아냈다.

여기에 바로 건강의 비결이 있다. 기쁨, 사랑, 감사, 인정, 행복을 느끼며 행동하는 것은 좋은 일이다. 체내 저항력이 30만 배나 강해질 수 있기 때문이다.

긍정적인 감정을 유지하며 산다면 질병을 어느 정도 예방할 수 있다. 면역체계가 튼튼해지기 때문이다.

하지만 그 이상의 것도 할 수 있지 않을까? 면역체계를 튼튼하게 하는 것이 아니라 이미 병든 몸을 완쾌할 수도 있지 않을까? 그렇다. 나 또한 긍정적인 감정으로 건강을 되찾은 독자들의 편지를 심심치 않게 받고 있다. 그중 산드라를 소개한다.

피에르 씨,

저는 당신 덕에 소망하는 일을 여러 번 이루었어요. 그중에서 건강을 되찾은 건 당신에게 꼭 말씀드리고 싶어서 이렇게 편지를 드립니다.

저는 한참 동안 폭식증에 시달렸어요. 저 자신도 제어할 수 없을 정도로 음식을 먹었어요. 정확하게 표현하자면 먹었다기보다 입에 쳐 넣었다고 해야 할 거예요. 그러다 제정신을 차리면 살이 찔까봐 억지로 토해내곤 했지요. 5년이란 시간을 그렇게 보냈어요. 아무도 모르게요. 남들한테 잘 지내는 척했지만, 속으로는 제 자신이 너무나 수치스러웠어요.

어느 날, 자주 만나는 대학친구가 저한테 책을 하나 선물하더군요. 바로 당신의 『행복 만들기 연습』이었어요. 저는 무심결에 책을 펼쳤지만, 곧 당신의 이야기에 빠져들었어요. 사실 저 자신한테 놓인 이 상황을 바꿀 수 있는 건 저뿐이라는 걸 오래전부터 알고 있었어요.

저는 곧 당신의 지침대로 확언과 자기 암시를 시작했어요. 더불어 날씬하고 건강해진 제 모습을 그렸고, 주변사람들이 놀라워하고 칭찬과

찬사를 보내는 장면을 떠올렸어요. 처음에는 금방 이루어질 것만 같았는데, 생각보다 시간이 많이 걸렸어요. 그래도 절대 포기하지 않았어요. 물론 중간중간엔 당신의 지침을 의심하기도 했어요. 하지만 당신이 제시한 그 길이 저한텐 마지막 동아줄이나 마찬가지였어요. 그리고 천천히 바뀌었어요, 그 모든 것이! 내 마음이 바뀌더니 삶은 바닥부터 조금씩 변했어요.

우선 토하지 않고 규칙적인 식사 습관을 들이는 것이 급선무였어요. 처음에는 잘되지 않았어요. 하지만 당신이 제시한 '공명의 12법칙'을 따르면서부터 저는 과식을 조절할 수 있었어요. 특히 '공명의 제7법칙(당신만의 '행복 확언'을 만들어라)'과 '제8법칙(익숙한 곳에 소망이 보이게 하라)'의 효과가 정말 대단했어요. 전 식사 전에 꼭 제 확언, "산드라, 네 몸매는 나날이 나아지고 있구나"를 되뇌었고, 살이 빠지고 균형감 잡힌 내 몸을 떠올렸어요.

처음 식사를 마치고 나서 얼마나 울었는지 몰라요. 해냈다는 자신감과 기쁨, 그리고 저 자신을 향한 칭찬과 연민. 1년도 안 되어 몸무게가 10킬로그램이 빠졌어요. 그 후에도 꾸준히 살이 빠져 지금은 그토록 원했던 60킬로그램 대 초반의 몸무게를 유지하고 있어요. 이젠 먹고 싶은 걸 먹으면서도 살찌지 않게 저 자신을 조절할 수 있어요. 그 누구의 도움도 받지 않고, 저 스스로가 폭식증을 완전히 이겨낸 거예요. 더불어 바라던 몸매도 유지할 수 있고요.

당신에게 사랑의 인사를 전하며

From. 산드라

산드라뿐만이 아니다. 나 또한 그녀와 비슷한 자기 치유력을 경험했다. 의학적으로는 도저히 일어날 수 없는 일이 내 삶에서 일어났다.

스무 살이 되었을 무렵부터 등에 자주 통증을 느꼈다. 통증은 점점 잦아졌고 참을 수 없을 정도로 고통이 커졌다. 나는 이 분야의 권위 있는 의사를 찾아가 진찰을 받았다.

진찰 뒤 의사가 내린 진단을 듣고 나는 절망에 빠지지 않을 수 없었다. 나는 만성 척추염에 걸렸으며, 몇 년 안에 등이 완전히 뻣뻣하게 굳을 거라는 것이었다. 의심할 바 없었다. 의사의 진단은 이미 모든 검사 결과에 구체적인 수치에서 확인할 수 있었다.

의사는 일주일 후에 만나 앞으로의 치료에 대해 상의해보자고 했다. 나는 불치병에 걸렸고, 배우로서의 삶이 더 이상 불가능하다는 것이 확실했다. 내 척추는 하나의 뼈마디처럼 굳어질 것이고, 점점 등이 굽어지면 땅만 보고 다닐 수밖에 없을 터였다.

일주일이 흘렀다. 내 인생의 가장 힘들었고, 고통스러운 시간이었다. 당시 나는 '공명의 법칙'은 물론, 양자 물리학에 대해 전혀 알지 못했다. 생각의 힘으로 DNA를 변화시킬 수 있다는 사실도 알지 못했다. 내가 알 수 있는 건 단 하나, 긍정적인 생각이었다.

"나는 건강하다. 나는 놀라운 능력이 있다. 나는 건강하고 행복하길 바란다. 나는 힘이 있고 강하다. 나는 살아 있고 내 뜻대로 움직일 수 있다."

나는 테니스 레슨 1년 회원권을 예약했다. 절망에 빠지는 대신 나 자신이 긍정적인 사고를 하고, 나 자신을 깨달을 수 있다는 것에 기뻐

했다. 건강하다는 것이 얼마나 좋은 것인지 깨달았다. 나는 내 인생이 이제 시작되었다는 것을 믿었다! 우스운 이야기에 실컷 웃었다. 나는 다시 깨어났고, 나 자신을 느꼈고, 내 안의 생명을 느꼈다. 밤낮을 가리지 않고 매 분, 매 초 내 안에 나타난 기적에 집중했다. 주변 사람들은 갑자기 변해버린 나를 보고 깜짝 놀랐다. 아무도 내가 왜 그렇듯 기분이 좋고 행복해 하는지 알 수 없었다. 나는 춤을 추고, 노래를 부르고, 나 자신과 하나가 되었다. 그리고 지금까지의 삶을 돌이켜보며 고마운 감정을 느꼈다.

진료일이 다가왔다. 나는 여러 검사를 받았다. 의사들은 싱글벙글 웃으며 날아갈 듯한 기분에 빠져 있는 나를 보고 어안이 벙벙해졌다.

그리고 설명할 수 없는 놀라운 일이 벌어졌다. 의사는 내 앞에서 말을 더듬었다.

"류머티즘 성 염증이 틀림없었는데……. 분명 척추뿐 아니라 천골, 장골까지 전이됐는데……."

의사는 다시 한 번 검사를 했다. 그러나 3일 후에도 그 분야의 전문의는 고개를 갸우뚱거릴 수밖에 없었다. 염증이 감쪽같이 사라졌다는 것이었다. 더 이상 아무것도 보이지 않는다고 했다. 혈침속도도 정상이었다. HLA-B27도, 척추염도 없었다. 의사는 아주 난감해 했다.

의사는 믿을 수 없다는 듯 고개를 흔들며 나에게 악수를 청했다. 그때의 기억이 생생하다. 나는 의사의 손을 붙들고 위로하듯 선생님이 잘못한 것은 아무것도 없다고, 원래 진단이 맞았던 거라고 힘주어 이야기했다. 그리고 테니스 레슨에 늦지 않기 위해 차를 몰고 갔다.

지금에서야 나는 당시 무슨 일이 있었는지 파악할 수 있다. 많은 세월이 지났지만, 그 당시 '생각의 힘'을 떠올리면 지금도 온몸에 전율이 느껴진다.

당시 나는 어디서 그런 확신을 얻었던 걸까? 도무지 알 수 없다. 하지만 돌아보건대 나는 그 당시 나 자신에 대한 확신을 발견했고, 지금까지도 그 자신감을 지닌 채 살고 있다.

그 사건 이후 나는 건강이 나 자신의 손에 달려 있다는 사실을 뼈저리게 느끼고 있다.

믿음은 모든 것을 결정하는 힘이다.

# 공명장은 시공간을 초월한다



문제를 만들어낸 사고방식으로는 결코 문제를 해결할 수 없다.
_알베르트 아인슈타인



오직 생각의 힘으로 DNA를 변화시킬 수 있다는 인식은 많은 과학자들의 머릿속을 송두리째 흔들어 놓았다. 그렇다면 세계는 지금까지 생각해왔던 이론이나 법칙이 아닌 다른 방식으로 만들어졌고, 다른 논리로 움직이고 있는 것일까?

눈여겨볼 또 다른 실험이 있다. 이 실험은 앞서 본 실험들과 마찬가지로 우리에게 새로운 인식을 일깨워준다.

1990년대 초 미국의 과학자들은 미 육군의 의뢰를 받고 살아 있는 세포가 다른 곳으로 옮겨져도, 즉 신체에서 멀리 떨어져 있어도 감정의 영향을 받을 수 있는지 연구했다.

처음 이 연구를 의뢰받은 과학자들은 시큰둥했다. 지금까지의 물리학 이론으로 따져보면 그것은 불가능한 일이었다. 결과가 뻔한 연구를 해야 하느냐는 의견이 지배적이었다. 채취된 장기나 뼈, 피부나 조직이 신체 소유자와 연결될 수 있다는 가정은 허무맹랑해 보였다.

1993년 〈어드밴스(Advances)〉지에 육군의 실험을 보고한 기사가 실렸다. DNA와 실험대상자의 감정이 연결되어 있는지 살펴보는 연구였다. 과학자들은 실험대상자의 입에서 조직표본과 DNA를 채취한 다음 건물 반대편으로 옮겼다. 그리고 특수 기기로 DNA가 실험 대상자에게서 멀리 떨어져 있어도 감정에 반응하는지 측정해 보았다.

실험 대상자들에게는 에로틱한 사진, 전쟁의 참사, 우스운 상황, 폭력적인 영상 등을 보여주며 다양한 감정을 느끼게 했다.

과학자들은 다시 한 번 혼란에 빠지고 말았다. 그들은 기존의 물리학 법칙으로는 도저히 설명할 수 없는 현상을 목격했다. 실험 대상자들이 여러 감정을 느끼는 동안 DNA는 뚜렷한 전기 반응을 보였던 것이다. 마치 실험 대상자들의 몸속에 들어 있기라도 한 것처럼!


그레그 브래든은 『신의 매트릭스와의 조화 가운데』에서 이와 유사한 실험을 소개한다. 박스터 박사가 실험 대상자와 DNA와의 거리를 떨어트려 실험을 해보았다고 한다. 200킬로미터나 떨어트린 경우도 있었다! 여기에 그치지 않고, 원자시계로 실험 대상자가 감정을 보이는 순간과 DNA가 반응하는 순간의 시차까지 측정했다! 놀랍게도 DNA는 동시에 반응을 보였다. 실험 대상자의 몸속에서 반응하는 것처럼!

당신이 무엇을 느끼고, 무엇을 생각하고, 무엇을 확신하든
DNA는 생각과 감정을 동시에 받아들인다.


공명하는 DNA가 당신 옆에 있든, 지구 반대편에 있든 상관없다.

과학자들은 에너지 장—매트릭스, 양자장—이 모든 감정과 생각을 전달해준다고 확신한다.


제프리 톰프슨 박사는 당시 실험에서 얻은 인식을 이렇게 정리한다.


더 이상 신체가 끝나는 지점도, 시작되는 지점도 없다.


이런 인식은 과학이 새로운 차원으로, 인간 세포의 구조와 작용을 이해하고 연구하는 데 동력이 되고 있다. 나는 새로운 과학적 인식을 대할 때마다 우리의 소망이 얼마나 놀라운 힘을 발휘하는지 다시금 실감한다.

앞서 우리는 DNA가 주변세계에 강하게 작용을 하고, 오랫동안 영향을 미친다는 것을 파악했다. 그리고 상상력과 감정이 DNA에 영향을 미칠 수 있다는 것도 살펴보았다.

정말 놀라운, 도무지 믿을 수 없을 정도로 환상적인 '사실'이다. 우리 스스로가 DNA에 영향을 줄 수 있고, 시간과 공간을 초월하여 양자장을 통해 이 세상 모든 것과 연결될 수 있다면 단언컨대 우리가 이루지 못할 것은 없다. 공명의 법칙을 통해 소망하는 모든 것을 삶으

로 들여올 수 있기 때문이다. 정확히 말하자면 당신이 인식하지 못하고 있었을 뿐 삶은 그렇게 돌아가고 있다.

당신의 내부에 이미 존재하고 있는 모든 것이

외부세계에서 실현될 것이다.

당신이 외부세계에서 겪게 되는 일들은 당신의 생각에서 비롯되었다. 그러므로 원하는 삶을 살고 싶다면 스스로 생각을 관찰하고 통제해야 한다. 당신이 생각하는 모든 것이 공명의 장을 만들어내기 때문이다.

- 오랜 시간에 걸쳐 지속적으로 말하고 생각하고 느끼는 모든 것은 공명장을 강화한다. 즉 부정적인 생각은 부정적인 상황을 부르고, 긍정적인 생각은 긍정적인 상황을 불러온다. 외부세계에서 바꾸고 싶은 모든 것은 당신의 생각을 통해서만 바꿀 수 있다.
- 당신이 지니고 있는 창조력을 기억하라. 당신을 위해, 그리고 모두를 위해 의식적으로 활용하라!

# 당신의 소망은 당신을 애타게 찾고 있다



영리한 사람들은 자신이 겪고 싶은 경험을 스스로 물색한다.

_앨도스 헉슬리



당신이 바라는 것들이 어떻게 가야 할 곳에 도착하고, 또 당신이 원하는 것들이 어떻게 당신을 찾아올까? 소망의 수신자들은 어떻게 당신을 발견할까? 신체 중 어느 부분이 그런 신호를 받고 당신의 의식으로 전달할까? 당신은 이런 새로운 의식을 어떻게 일상으로 끌어들일 수 있을까?

핵심 역할을 하는 것이 바로 DNA다. DNA는 당신의 유전적 코드를 담고 있다. DNA를 발견했을 때 과학자들은 DNA의 가장 중요한 역할은 세포 내부의 유전적 코드의 도움을 받아 단백질을 만들어내는 것이라고 믿었다.

그러나 DNA를 새롭게 인식할 과학적 성과가 밝혀졌다. 러시아의 과학자 블라디미르 포포닌과 페터 가리예프가 밝혀낸 놀라운 사실은 DNA의 약 90%가 단백질 합성이 아닌 커뮤니케이션에 활용된다는 것이다.

DNA는 주변세계와 의사소통을 한다.

포포닌과 가리예프는 DNA가 수신자와 송신자 역할을 하도록 정해져 있다는 것을 알아냈다.

그리고 DNA가 얼마나 의사소통을 잘해내는가도 증명했다. DNA는 우리 자신뿐 아니라 다른 사람들의 DNA와 의사소통을 한다. 그뿐 아니라 존재하는 모든 것과 연결될 수 있다는 것이 밝혀졌다.

DNA를 통한 의사소통은 우리가 지금까지 알고 있는 것과 완전히 다르게 이루어지고 있었다. DNA의 의사소통은 시간과 공간을 초월하여 더 높은 차원에서 이루어진다. 그 원리를 설명하기 위해 과학자들은 '하이퍼 공간'이라는 개념을 도입했다.

놀라운 것은 이렇듯 특별한 정보 교환을 하는 데 아무런 장애도, 제한도 없다는 것이다. 거리도, 시간도 정보의 교환에 문제가 되지 않는다. 시간적인 지연도 전혀 없다. 원자시계로도 전혀 측정되지 않는다.

DNA는 하이퍼 공간 속에서 '웜홀'이라 불리는, 아주 특별한 에너지 통로를 활용한다. 알베르트 아인슈타인과 나타 로젠이 1935년 이를 최초로 묘사했는데, 웜홀은 같은 공간에 있는 양쪽 터널이 어떻게 연결될 수 있는지를 설명하기 위해 선택된 개념이다.

웜홀을 활용하면 공명하는 사람이 얼마나 멀리 떨어져 있든 문제

될 것이 전혀 없다. 공명을 할 상대가 당신의 침대 옆에 누워 있어도, 지구 반대편에 살고 있어도, 자고 있어도 상관없다. 당신이 보내는 모든 정보는 하이퍼 공간에서 에너지 터널을 통해 보내지며 동시에 목표에 도달하여 DNA를 통해 수신된다.

덧붙여 설명하자면 DNA는 이런 에너지를 수신할 뿐 아니라 저장한다. 정보 저장소 역할을 하는 것이다. 당신의 몸속에는 거대한 데이터뱅크가 들어 있다.


그렇다면 당신과 공명하는 에너지가 어떻게 당신을 찾을 수 있을까? 몇 십억 개나 되는 DNA가 존재하고, 그 모든 DNA가 정보를 송신하고 수신하고 있지 않은가? 우주는 과연 어떤 원리로 당신이 소망하는 것을 가져다줄 수 있다는 것일까?

당신은 수신하는 것만큼이나 계속해서 '송신한다'. 당신은 긍정적이거나 부정적인 생각과 더불어 당신의 공명장을 끊임없이 프로그래밍한다. 당신이 소망과 비전을 공고히 하거나 두려움과 걱정을 부여잡는 동안 당신의 공명장은 공진하는 것들을 끌어당긴다.

인간은 모두 유전적인 '이름=코드'를 지니고 있다. 당신 또한 마찬가지다. 언론매체를 통해 수사기법이나 친자확인과 관련해서 이런 코드를 들어본 적이 있을 것이다. 개개인의 DNA는 지문처럼 독특하다. 혼동할 수 없는 유전적 지문을 지니고 있다. 즉 DNA 하나하나가 고유한 주소가 되는 것이다.

# '확신'은 인체를 지배한다

그대가 오늘 생각하는 것이 바로 내일의 그대 모습이다.
_석가모니

'공명의 법칙'은 당신의 DNA 코드 프로그램을 바꾸는 가장 이상적인 방법이다. 긍정적으로 바라보기, 자율 훈련(Autogenes Training), 명상, 자기 암시, 시각화 등 무엇을 하든 당신의 DNA는 주어진 정보를 받아들이고 저장한다. 다시 한 번 강조하지만 한계는 없다. 한계는 당신의 머릿속에 존재할 뿐이다.

확신은 언제나
당신 스스로에게 믿음을 주는 소중한 자산이다.

예를 들면 건강을 소망하는 것은 질병을 부인하는 것이 아니라 자기 치유력을 활성화하는 것이다. 상상 속에서 질병에 대한 걱정을 건강에 대한 이미지로 대치하고, 신체가 긍정적인 에너지를 받아들이고 작동하게 해야 한다.

신체는 당신의 아주 작은 생각의 임펄스에도 반응한다. 당신이 건강하다고 확신할 때 신체는 온몸에 자가 치유력을 전파한다. 병에 걸린 사람이 건강해지면 많은 사람들은 기적이라고 받아들이지만, 사실은 기적이라고까지 말할 것은 아니다. 생각의 힘이 얼마나 강력한가를 보여주는 표지일 뿐이다.

# '메아리파동'과 '제안파동'의 공명이 미래를 좌우한다

|

시간은 겉으로 보이는 것과는 달리
한 방향으로만 움직이지 않는다.
미래는 과거와 동시에 존재한다.
_알베르트 아인슈타인

|

생각하는 힘만으로 미래를 뒤바꿀 수 있을까? 물론, 당연히 가능하다! 당신은 그렇게 할 수 있다. 당신이 예상한 것보다 더 많이!

양자물리학자들이 밝혀낸 흥분되는 연구 결과물을 통해 당신이 언제든지 삶을 완전히 바꿀 수 있고, 바라는 모든 것을 실현할 수 있다는 것이 다시 한 번 입증되었다.

이미 알고 있듯이 당신은 생각의 힘을 통해 에너지를 보낸다. 물론 당신뿐 아니라 모든 사람들이 생각의 에너지를 방출한다. 똑같이 진동하는 에너지는 서로를 끌어당기기 때문에 당신은 사람과 사건을 끌어당길 뿐 아니라 다른 사람이나 사건에 끌리기도 한다. 서로가 서로를 끌어당기고 끌리기 위한 전제 조건은 두 에너지가 서로 공명해야 한다는 것, 즉 비슷하게 진동해야 한다는 것이다.

양자물리학자들은 소위 양자파동—예를 들면 당신의 생각과 확신—이 공간적으로 확산될 뿐 아니라 시간적으로도 확산된다는 것을 밝혀냈다. 공간뿐 아니라 시간 속에서도(=시간파동) 퍼져 나간다는 것이다. 과거에서 미래로 향하는 양자 파동도 있다. 바로 일반적인(normal) 양자 파동들이다.

더욱 놀라운 사실은 미래에서 과거로 확산되는 에너지 파동도 있다는 것이다!

미래로 나아가는 파동은 '제안파동'이라 불린다. 그리고 과거로 되돌아가는 파동은 '메아리파동(echo wave, 반향 파동)'이라 불린다.

두 파동이 서로 만나게 되면, 즉 미래에서 과거로 향하는 메아리파동이 당신이 방출한 제안파동과 만나게 되면 한 파동은 다른 파동을 변조하고, 두 파동의 산물로 '사건의 개연성(확률)'이 탄생한다.

● 양자물리학에 따르면 어떤 사건이 일어날 개연성(확률)은 "과거에서 파생된 제안파동이 미래에서 파생된 '알맞은' 메아리파동을 만나는 것"에서 비롯된다.

이러한 현상은 팩시밀리의 작동 원리에 비유할 수 있다. 팩스를 보내면 팩시밀리는 일단 수신한 팩시밀리와 접촉하고 특정 신호를 교환한다. 그리고 두 기기는 서로 전달표준을 맞추고 나서야 데이터를 주고받는다.

과거와 미래는 이와 비슷한 방식으로 서로 의사소통을 하고, '반쯤

가다가' 어울리는 신호들이 만나 높은 개연성을 갖는 구체적인 사건을 만든다. 바로 당신이 체험하게 되는 현실이다. 즉 과거가 미래에 영향을 줄 뿐 아니라 미래도 과거에 영향을 준다는 의미다!

이성적으로 이러한 현상을 받아들이고 상상하는 것은 쉽지 않다. 지금까지 당신의 이성은 시간을 단선적으로, 즉 과거에서 미래로 향하는 것으로만 여겼기 때문이다. 그런데 미래에서 과거로 향하는 시간이 존재한다고? 존 G. 크래머의 가설은 여러 차례 검증되었을 뿐 아니라 양자 물리학의 모순을 설명하는 데 중요한 역할을 하기도 했다. 그 의미는 다음과 같다.

미래는 과거만큼이나 실재한다.

미래는 이미 '저 밖 어딘가'에 존재하고 있다. 그렇지 않다면 미래는 과거로—따라서 우리의 현재로—파동을 되돌려 보낼 수 없을 것이다. 당신의 미래도 이미 존재한다. 지금 바로 이 순간에도. 하지만 미래는 아직 확정된 것이 아니다. 당신 앞에는 다양한 미래가 놓여 있고, 당신은 그중 하나를 선택할 수 있기 때문이다. 정확하게 말하자면 당신은—최신 과학적 인식에 근거하여—미래가 이미 존재하고 있다는 사실을 통해 비로소 자신에게 알맞은 미래를 물색할 수 있는 것이다.

오늘날 과학적 인식은 존 G. 크래머가 놀랄 만한 발견을 했던 1980년에 비해 확실히 발전했다. 당시에는 '하나의' 현실이 있다고 전제

했고, 미래 또한 그에 따라 하나뿐이라고 생각했다. 그러나 지금은 '서로 다른 평행적 현실이 동시에 존재한다'는 것을 알고 있다.

이런 물리학적 발견을 소망에너지에 대입해보자.

- 시간은 당신이 느끼는 것처럼 단선적으로 진행되지 않는다. 모든 것은 동시에 일어난다.
- 따라서 과거와 현재와 미래는 지금 이 순간에 일어난다.

당신의 의식은 물론 하나의 시간만을 느낀다. 당신은 다른 것을 알지 못한다. 놀랄 일이 아니다. 당신의 감각은 아주 제한적이기 때문이다. 당신은 전체 빛의 스펙트럼 중 8퍼센트만 지각한다. 이 순간에도 당신은 현실의 92%를 감각으로 자각하지 못한다. 그렇지만 그것들은 존재한다. 당신은 자신의 '측정도구'이지만, 용량이 제한적이기 때문에 감지하지 못하고 거부하는 것이다.

그렇지만 당신의 주변은 다른 '에너지, 진동, 파동, 정보'로 가득하다. 그런 충만한 것이 당신을 둘러싸고 있다.

나는 내가 알지 못한다는 것을 안다.(소크라테스)

이런 인식은 지금도 본질적으로 변함이 없다. 제네바에 있는 최첨단 연구시설인 유럽원자핵공동연구소(CERN)에서 근무하는 어느 과학자는 언론과의 인터뷰에서 현대인들은 현실의 5%만 지각할 수 있으며, 인류가 확보한 기술적 도구가 존재하는데도, 현실의 95%는 알지 못한다고 말했다. 그리고 우리가 알지 못하는 95%에 풀리지 못한 모든 질문의 답이 들어 있을 거라고 했다.

그는 이렇듯 엄청나게 돈을 들여 연구소를 설립한 것은 현실을 1%라도 더 들여다보기 위해서라고 말했다. 1%를 더 알기 위해 40억 유로를 투자한 것이다!

신이 세상을 창조했다고 치자.

아무리 그렇더라도

세상을 인간이 이해할 수 있도록 만드는 것이

신의 주된 관심사는 아니었을 것이다.(알베르트 아인슈타인)

여기서 알 수 있는 것은 '당신은 당신이 아무것도 모른다는 사실을 알고 있다'이다. 현실은 대부분 당신이 지각할 수 있는 영역 밖에 존재하며 당신에게 영향을 끼치고 있다.

시간도 비슷하다. 당신은 시간의 진실 가운데 아주 작은 부분만 느낄 수 있다. 당신은 당신의 감각과 의식 속에서 현재를 감지한다. 그러나 이제 과거와 미래도 바로 이 순간 존재한다는 것을 알게 됐다. '이 순간'이라는 개념 역시 가설에 불과하다.

시간과 관련해서도 우리는 진실의 아주 작은 부분만을 알 수 있을 따름이다. 우리는 감각과 의식으로 현재만을 감지한다. 그러나 이제는 과거와 미래도 바로 이 순간에 존재한다는 것을 알고 있다. 여기서 '순간'이라는 개념 역시 가설에 불과하다. 시간도, 초도 없기 때문이다.

단선적으로 흐르는 시간은<br>
당신이 만든 표상일 뿐이다.

- 시간은 단선적이지 않다. 모든 것은 동시에 일어난다.
- 그러므로—모든 것이 동시에 일어나므로—미래는 과거에 영향을 끼칠 수 있다.
- 현실은 하나가 아니라 무한히 많은 형태로 존재한다.

때문에 미래에서 진동해온 무수한 메아리파동(반향 파동)이 당신 앞에 놓여 있다. 지금 당신에게는 당신이 처한 현재이나 과거에서부터 이어질 수 있는 다양한 미래가 열려 있다. 당신의 현재는 과거에 당신이 보냈던 제안파동에서 전개된다. 당신이 연출한 영화가 현실이란 극장 속에서 상영되고 있다고 상상해도 좋다. '해피엔드'로 끝날 것인지 말 것인지는 당신의 손에 달려 있다.

실현될 수 있는 모든 미래는 과거를 향해 거슬러 다가와<br>
당신의 제안파동과 만난다.

그러나 모든 파동이 공명하는 것은 아니다. 파동의 형태가 아주 비숫할 때에만 제안파동과 메아리파동 사이에 모듈레이션이 벌어진다. 그러고 나서 트랜스액션, 즉 당신의 과거(당신이 송신한 것)와 미래가 연결되고, 특정한 사건이 일어날 확률이 아주 높아진다.

그렇다면 미래가 보내는 파동은 어디에서 오는 것일까?

저명한 물리학자 프레드 알란 볼프는 "모든 사람은 의식적으로든 무의식적으로든 에너지(당신이 지각하거나 생각하거나 확신하는 모든 것)를 송신한다. 때문에 미래를 향해 제안파동을 보내고, '동시에 과거로도 파동을 보낸다'"고 결론짓는다.

공간과 시간으로 확산되는 파동은 미래에서도 동시에 송신된다. 미래의 사건들도 현재를 향해 메아리파동을 돌려보낸다. 미래는 무수한 버전으로 존재한다. 그 안에는 다시금 수많은 가능성이 존재한다. 그 안에서 메아리파동이 과거(즉 당신의 현재)로 돌아온다.

당신이 송신한 제안파동들은

사건의 개연성을 높이기 위해

미래에서 오는, 공진하는 메아리파동들을 찾는다.

당신의 제안파동은 당신의 모든 미래를 통과하며, 가능한 한 모든 것을 점검한다. 바로 다음 순간뿐 아니라 내년 또는 10년 뒤의 사건까지 테스트한다.

양자 물리학자들은 시간적으로 가까운 미래의 일일수록 공명이 강하다는 것을 밝혔다. 즉 '미래에 당신이 겪을 사건들이 시간적으로 당신과 가까울수록 현실에서 일어날지 안 일어날 것인지 분명해진다'는 것이다.

당신의 현재 의식 상태는

가까운 미래에 일어날 사건들을 결정한다.

기대하는 사건들이 시간적으로 더 멀리 놓여 있으면 공명의 강도는 감소한다. 그렇더라도 당신의 현재 의식 상태는 확실하게 특정한 방향으로 향한다. 제안파동과 메아리파동이 의사소통하고, 사건의 확률을 만들어내면 당신은 미래의 어느 가능성과 연결된다.

그렇게 당신은 소망에 도달한다. 소망은 무수한 가능성 가운데 하나를 당신의 삶으로 끌어들인다.

- 소망하는 것은 제안파동을 당신에게 보낸다.
- 제안파동은 메아리파동과 커뮤니케이션한다.
- 사건의 개연성이 만들어지면 당신은 소망을 이룰 수 있는 기회를 잡게 된다.

# '기적'이라 불리는 현상 뒤엔 공명의 법칙이 있다

그대는 그대가 생각하는 것이다.
그대의 모든 것은
그대의 생각을 통해 생겨난다.
그대는 생각으로 세계를 만든다.
_석가모니

당신은 가슴이 송신하는 에너지가 얼마나 강하고 힘이 있는지를 알고 있다. 당신의 공명장과 비슷하게 진동하는 장을 찾기 위해 시간도, 거리도 문제가 되지 않는다는 것을 알았다. 또한 생각의 힘이 당신과 타인의 DNA에 영향을 끼칠 수 있다는 것도 깨달았다. 당신의 삶에서 소망의 힘이 얼마나 큰 영향을 미치는지 과학적으로 알게 되었다.

심장이 보내는 강한 에너지는 당신의 신체뿐 아니라 물질의 원자를 변화할 수 있는 힘을 지니고 있다. 확실한 이해를 위해 잠시 원자의 세계를 살펴보자. 학교를 졸업한 지 오래되었거나 '새로운 물리학'에 대한 서적을 읽어보지 않은 사람은 여전히 핵이 하나 있고, 전자와 양성자들이 그 주변을 도는 형태의 고전적인 원자 모델을 머릿속에 담고 있을 것이다. 전자가 단단한 입자로 구성되어 있다는 가정에서 이런 이미지를 그려냈다.

그러나 이미 오래전부터 이와 같은 가설이 틀렸다는 것이 밝혀졌다. 미니 태양계를 떠오르게 하는 원자 모델은 새로운 과학적 인식이 발견되면서 오래전에 폐기되었다. 입자는 단단하지 않고, 다양한 부분에 에너지를 담고 있다는 사실이 밝혀졌다. 전자, 양성자, 원자핵에 점점 더 가까이 접근하고 연구할수록 그것들은 더 많이 해체되고 말았다. 밀도 높은 단단한 입자는 에너지 소용돌이로 구성되어 있다. 원자는 물리적 구조를 가지고 있지 않다. 오히려 에너지를 내뿜으며 빠르게 도는 작은 팽이 같은 모양을 띠고 있다. 이런 작은 에너지 소용돌이를 쿼크 또는 광자라고 부른다.

단단한 물질은 없다.

에너지만 있을 뿐.

이런 에너지는 전자기장으로 구성된다. 다시 심장이 방출하는 에너지를 살펴보자. 그 역시 똑같은 에너지 장이다. 원자의 에너지는 당신이 머릿속으로 무엇인가를 생각하고, 가슴으로 감정이나 확신을 만들어내는 것과 똑같은 힘의 장을 형성하고 있다.

원자들은 변화할 수 있다.

피터 제만은 1896년에 처음으로 이런 현상을 발견했다. 그는 자기

력이 물질의 성분을 변화시킬 수 있다는 것을 알아냈다. 1913년에는 요하네스 슈타르크가 전기장 또한 원자에 영향을 줄 수 있다는 것을 발견했다. 전기장과 자기장 모두 원자를 변화시킬 수 있다.

양자역학의 무수한 실험과 연구를 통해 과학자들은 원자의 전기장 혹은 자기장이 바뀌면 원자 자체도 바뀐다는 것을 알고 있다. 원자들이 행동을 바꾸고, 물질로서의 특성을 바꾼다는 뜻이다.

당신은 심장 에너지가 원자에게 영향을 줄 정도의 힘을 지니고 있다는 것을 알고 있다. 당신은 실제로 세계의 모든 원자를 변화시킬 수 있다. 시간과 거리는 전혀 문제가 되지 않는다.

그로 인해 환상적인 인식의 전환이 가능하다. 인간이 주변세계에 직접적인 영향을 끼칠 수 있다는 주장은 더 이상 맹목적이고 황당한 믿음이 아니라 과학적으로 입증된 진실이다.

당신은 이제 소망을 이루는 데 스스로가 얼마나 강력한 열쇠를 손에 쥐고 있는지 알 수 있을 것이다. 불가능해 보이는 것 또한 이룰 수 있다. 이성적으로 볼 땐 그런 현상은 여전히 '설명할 수 없는 기적'처럼 여겨질 것이다. 하지만 공명을 발견하고, 에너지의 힘을 밝혀낸 과학자들에게 그 일은 더 이상 수수께끼가 아니다.

# 당신은 모든 것과 연결되어 있다



심장을 통해서든, DNA를 통해서든, 생각을 통해서든 당신은 원하든 원치 않든 계속해서 밖으로 임펄스를 보낸다. 그리고 임펄스들은 다른 사람의 에너지와 만난다. 이런 에너지들이 같은 공명장에 있다면 공진하게 된다. 당신은 항상 송신자인 동시에 수신자이다.

다른 사람들과 이렇게 연결되면 당신은 삶의 카드를 완전히 새롭게 섞을 수 있다. 깊고 진실한 사랑의 관계를 원하든, 친구를 원하든, 치유를 원하든, 물질적인 만족을 원하든 삶의 모든 것을 변화시킬 수 있는 가능성이 주어진다. 당신은 모든 것과 연결되어 있기 때문에 당신의 생각과 믿음을 통해 마음속에서 만들어내는 공명장은 다른 사람의 공명장을 진동시킨다.

이런 능력을 활용하면 당신은 삶을 바라는 대로 바꿀 수 있다. 그렇게 하기 위해서는 확신의 진정한 의미를 깨닫고, 의심이나 열등감에 빠져들지 않도록 스스로를 조절하는 방법을 배워야 한다.

당신 안에는 언제나 깊은 확신이 존재하고 있다.

불치병을 고쳤든지 놀라운 성공을 했든지 당신이 주로 믿고 생각하는 일들이 삶에서 벌어진다. 당신이 확신하는 일이 일어난다. 걱정스러운 생각에 에너지를 쏟으면 실제로 곤란한 일이 벌어진다.

두려움이든 소망이든 현실은 항상 생각의 힘에서 발원한다. 공명의 법칙에 따라 당신의 생각이 소망하는 것과 걱정하는 것을 끌어당긴다.

네 믿음대로 될지어다.(예수 그리스도)

주변의 모든 것과 유리되어 있다고 믿을수록

상황 앞에 무기력하게 방치되어 있다고 믿을수록

스스로 희생자라고 믿을수록

모든 것은 우연이며, 자신의 삶은 조망할 수 없을 만큼 혼란스럽다고 믿을수록

세상이 부당하게 돌아간다고 믿을수록

질병을 이겨낼 수 없다고 믿을수록

삶에서 마음대로 할 수 있는 것이 없다고 믿을수록

행복과 불행이 무작위로 분포된다고 믿을수록

자신의 신체가 낯설다고 믿을수록

자신의 창조성에 영향을 끼칠 수 없다고 믿을수록

당신은 바로 그런 원치 않는 삶으로 인도받을 것이다.


동시에 당신은 내적 공허와 고독을 느낀다. 당신 안에 내재된 창조성에서 멀어져 내면에 깃든 신성을 활용하지 못하기 때문이다.

표면적인 위안을 찾으며 고독에서 벗어나려고 하는 모습은 놀랄 일이 아니다. 당신은 결코 행복을 느끼지 못할 목표를 추구한다. 자신의 창조성을 활용하지 못하는 한, 스스로를 창조자로 의식하지 못하는 한 당신은 인생을 조망할 수 없다. 우연처럼 느껴지는 사건들 안에 휘말려 살아가게 될 것이다. 그러나 우연처럼 보이는 일들은 바로 당신에게서 시작되었다. 힘든 상황을 만드는 건 당신 자신이다. 사건의 원인은 당신의 잠재력 속에 있다. 이 세상 그 무엇도 원인이 되는 에너지 없이 존재할 수 없다.


공명의 법칙은 언제나 "YES"라고 말한다.

그것은 언제나 당신의 믿음을 확인해준다.


에너지는 도덕이나 유용성을 묻지 않는다. 에너지는 당신이 보낸 임펄스에 반응할 뿐이다.

이것이 결과적으로 어떤 의미를 지닐까? 여기 희망을 주는 메시지가 있다.

당신은 언제든지
지금까지 당신이 만들어낸 세계에서
하차할 수 있다.

관점을 약간만 변화시키면 된다. 매일매일의 삶을 다른 눈으로 바라보기 시작하면 된다.

우선 당신이 어떤 방식으로 주변과 연결되어 있는지를 이해하고, 삶에서 소망하는 경험을 하기 위해 어떻게 공명장을 의식적으로 변화할 수 있는지 파악하라.

스스로를 이 세계를 지탱해가는 축이라 여기고, 더 이상 자신을 세계와 떨어져 있는 존재로 보지 말라. 그것만으로도 소망하는 바를 이루기 위해 첫 발을 내디딘 것이라 할 수 있다.

지금부터 당신은 더 이상 부주의하고, 부정적인 생각에 매달리지 않을 것이다. 당신은 이런 생각이 공명장을 만들어내며 그 공명장이 다른 것들과 연결되어 삶을 원치 않는 방향으로 인도한다는 것을 알고 있다.

당신이 세상과 어떻게 연결되어 있는지를 이해한다면
당신은 우주의 가장 커다란 힘을 활용할 수 있다.

당신이 믿음의 방식과 스스로에 대한 생각을 바꾸면 당신은 지금까지의 부정적인 에너지 장에서 당신과 함께 진동했던 사건들과 사람들에게서 벗어날 수 있다. 당신을 불안케 했던 모든 것은 삶에서 사라질 것이다. 대신 긍정적인 생각으로 진동하는 새로운 경험과 행복한 사건들을 겪게 될 것이다.

# 공명의 원리

2부에 들어가기 전에 앞서 1부에서 알게 됐던 기본적인 공명의 개념과 원리를 정리해보자. 본격적인 실천에 앞서 반드시 인지해야 할 것들을 간단하게 요약해보았다.

- 모든 것과 모든 것을 연결시키는 에너지 장이 있다.
- 이런 에너지 장은 당신의 공명장과 커뮤니케이션한다.
- 당신은 감정의 언어와 생각의 에너지, 그리고 확신으로 공명장을 만들어낸다.
- 심장의 장과 DNA, 그리고 생각의 힘이 확신을 발산한다.
- 거리가 아무리 떨어져 있더라도, 시간이 아무리 떨어져 있더라도 문제될 것이 없다.
- 공명의 법칙을 통해 당신은 모든 것, 모든 사람과 연결된다.
- 당신과 공명하는 것(혹은 사람)은 당신에게 반응할 수밖에 없다.
- 당신과 공명하는 모든 것은 어쩔 수 없이 당신의 삶으로 끌려 들어온다.
- 당신 역시 당신의 공명장과 비슷하게 진동하는 다른 공명장에 이끌린다.

2부

12가지
**공명의 법칙으로
인생을 바꾸고**
행복을
누려라

# 당신은 지금 어떤 공명장에 놓여 있는가?



2부에서는 소망의 실제적인 측면을 살펴볼 것이다. 올바른 소망에너지를 빠르게 만들어내는 연습과 설명이 제시될 것이다. 소망에너지를 보내기 위해서는 올바른 공명장을 만들어내는 것이 가장 중요하다는 점을 잊지 말아야 한다. 그렇게 할 수만 있으면 원하는 것을 이룰 수 있다.

소망과 공명하기 위해 활용할 수 있는 방법은 아주 많다. 나 개인적으로 가장 쉬웠고, 가장 효율적이었던 방법들을 소개할 것이다.

이러한 방법 중 당신이 가장 즐겁게 할 수 있을 것을 선택하라. 쉽고 즐겁게 소망하는 것이 가장 중요한다. 너무 심각하고 경직된 자세로 시작하면 부정적이고, 경직된 공명장을 만들어낼 수밖에 없다. 그렇게 되면 당신의 삶에 불안한 일들이 끌려 들어오게 된다.

모든 방법이 만족스럽지는 않을 것이다. 몇몇 테크닉에 대해서는 오히려 반감을 갖거나 의심을 할 수도 있을 것이다. 혹은 확언에 믿음을 줄 수 없거나 처음부터 강한 내적 영상을 만들어내지 못할 수도 있다. 그런 일들은 지극히 자연스러운 현상이다. 섣불리 실망하거나 화를 내지 말기를 바란다. 그런 태도는—공명의 법칙에 따르면—좋지 않은 상황만 불러올 것이다. 언제나 다음을 생각하라.

당신은 생각하고, 느끼고, 믿는 모든 것을
삶에 끌어들인다.

이 방법, 저 방법으로 자주 바꾸거나 모든 방법을 동시에 활용할 필요는 없다. 믿을 수 있고, 확신이 느껴지는 테크닉 하나가 긴가민가하는 수많은 테크닉보다 확실한 효과를 가져다준다.

재미있고 즐거운 마음으로 임할수록
머지않아 놀라운 결실이 당신을 찾아오게 될 것이다.

소망의 테크닉에 들어가기 전에, 우선 간단한 조사를 실시해보자. 당신이 머물고 있는 기존의 공명장은 어떠한가?
당신의 공명장이 어떠한지 알아낼 수 있다. 내면세계에 존재하는 것만이 외부세계에 있을 수 있다. 당신을 둘러싼 주변은 어떠한가? 그것이 곧 현재 당신이 어떤 공명장을 구축하고 있는지 보여주는 계량기이다.

그런데 왜 기존의 공명장을 살펴봐야 하는 것일까?

잘못된 진동장으로 둘러싸여 있으면 최적의 공명을 만들어내기가 힘들기 때문이다. 싫든 좋든 당신은 주변의 기운에 이끌리게 될 것이다. 당신이 구축한 새로운 공명장도 금세 허물어지게 될 것이다. 현재 당신을 둘러싸고 있는 모든 것은 매 분 매 초 당신이 외롭다거나 무질서하다거나 가난하다거나 실패자라거나 무능력하다는 등등의 생각을 떠올리게 할 것이다.

당신을 둘러싼 기존의 공명장은
스스로 만들어낸 소망의 에너지보다
더 오랫동안 영향을 끼친다.

# 현재 당신의 공명장을 파악하라!

1. 당신이 원하는 공명장을 만들기 전에 우선 당신이 머물고 있는 공명장이 어떠한지 파악하라.

2. 당신을 둘러싸고 있는 주변의 기운은 당신에게 어떤 영향을 끼치고 있는가? 머릿속으로 떠오르는 느낌과 생각이 곧 '현재 당신의 공명장'의 특성을 의미한다.

# 당신의 행복과 소망을 방해하는 공명장이 있다



진정으로 깨어 있을 수 있는
단 하나의 시간이 있다.
지금이 바로 그 시간이다.
_석가모니

알고 있듯이 당신은 타인의 공명장에 영향을 받을 수 있다. 일상생활에서 이런 현상은 아주 쉽게 찾아볼 수 있다.

예를 들면 당신이 평화롭고 고요한 마음 상태를 유지하고 있는데, 어떤 사람 때문에 순식간에 불쾌해지고 화가 날 수도 있다. 단 한 사람 때문에 기분이 뒤바뀔 수 있는 것이다. 당신은 엄청난 다툼에 휘말린다. 싸움은 타오르는 모닥불처럼 번지면서 당신은 해서는 안 될 말을 내뱉고, 단순하게 생각하고, 성급한 결정을 내린다.

나중에 돌이켜보면 기분 좋고 평화로웠던 마음이 어떻게 그리도 빨리 싸움에 휘말릴 수 있었는지 이해할 수 없다.

해답은 간단한다. 당신은 타인의 공명장에 빨려 들어가고 만 것이다. 낯선 공명장이 당신의 마음에 영향을 끼친 것이다. 즉 당신의 진동 에너지가 타인의 에너지에 맞춰진 것이다. 원하든 원치 않든 당신은 낯선 에너지의 영향을 받는다.

그러나 조금 더 깊이 생각해보면 그런 에너지가 낯설지만은 않다는 것을 깨닫게 된다. 당신 안에 그 에너지가 들어 있지 않았다면 영향을 받았을 리 없기 때문이다.

싸움꾼에게 전염된다면
싸움의 잠재력이 당신 안에도 있는 것이다.

당신은 모든 것이 될 수 있다. 당신 안에는 모든 감정이 들어 있다. 당신은 평화롭거나 사랑스럽거나 공감하거나 분노하거나 불만스럽거나 질투하거나 변덕스러울 수 있다. 사랑 많고 인정 많은 사람을 만나면 그 사람처럼 부드럽고 사랑스러워지며, 마음속 깊이 인정을 느낀다. 분노와 공감은 당신 안에 내재되어 있다. 그렇지 않다면 당신은 그런 에너지로 들어갈 수 없을 것이다.

어떤 내적 잠재력을 활용할 것인가는
항상 당신 자신에게 달려 있다.

당신의 손에 달려 있다.

낯선 진동 에너지에 전염될 가능성은 아주 많다. 교회나 절 같은 곳에 들어가면 갑자기 행동을 조심하게 된다. 발을 들이자마자 그 공간의 평화로운 진동에 부응하기 때문이다. 그런 진동을 포착하면 당신은 고요하고 평화로워진다. 내적 고요는 그곳을 벗어나 일상생활을 할 때까지도 지속된다.

감동적인 책을 읽거나 감미로운 음악을 들을 때도 마찬가지다. 당신은 다른 사람의 생각이나 음들의 공명을 받아들이고 스스로를 맞춘다. 당신이 할 '일'은 그저 스스로 그 느낌에 빠져드는 것뿐이다.

소망의 에너지에 가까이 가고 싶은가?
이미 조성된 공명장을 활용하라.

하지만 당신은 소망과 완전히 배치되는 공명장에 머물러 있을 때가 많다. 당신은 스스로의 능력을 의심하고 있다. 주변에는 당신이 원하는 것을 결코 이룰 수 없다고 단언하는 사람들도 있다. 의심하는 자들의 공명장으로 들어갈 때 당신이 의심하기 시작하는 것은 놀랄 일이 아니다. 이런 현상은 당신도 모르는 사이에 슬며시 일어난다. 때문에 당신 자신을 지지해주는 올바른 공명장에 머무르고 있는가를 점검해 보는 것이 필요하다.

한번은 강연 중에 한 여성이 나에게 의견을 물었다. 그녀는 좋은 출판사도 찾을 겸 조언을 얻고자 책을 출간한 경험이 많은 사람을 코치로 고용했다고 한다. 그러나 그녀는 활기 있어 보이지가 않았다. 출간을 눈앞에 두고 있는데도 기뻐하기는커녕 오히려 고민에 빠져 있었다. 코치가 첫 번째 책이 잘 팔릴 거라는 생각은 꿈도 꾸지 말라고 했기 때문이었다. 결코 이룰 수 없다고 단언했다. 코치는 책 세 권을 출간하고 나서야 그나마 좀 팔리는 작가 대열에 진입했다는 것이었다.

강연에 참석한 여인은 그 코치에게 계속 조언을 들어야 할지 나에게 물었다. 나는 그녀가 코치의 말을 들으면 의욕이 앞서는지 반대로 힘이 빠지는지를 되물었다. 그녀는 힘이 든다고 했다. 나는 두 번째 질문을 던졌다. 누가 누구에게 돈을 지불하는 것인지(물론 그녀가 코치에게 돈을 지불했다). 그리고 그녀에게 말했다. "당신을 힘 빠지게 하는 사람한테 왜 돈을 지불하고 있나요? 책을 제대로 출간할 수 있도록 모든 어려움을 함께 겪고, 힘과 열정을 북돋워주는 사람을 찾아야 하지 않겠습니까? 이건 마치 텔레비전에서 리얼리티 쇼를 보는 것 같군요. 방송이 마음에 들지 않지만, 이미 시청료를 지불했다는 이유 때문에 그 방송을 억지로 보는 것과 무엇이 다르죠?"

당신에게 나쁜 영향을 끼치는 사람을 가까이해서
그의 파괴적인 에너지에 자신을 노출시키지 말라.

물론 당신의 계획을 밀어주는 사람을 찾는 건 쉽지 않는다. 누군가 곁에 있어주는 것만으로도 행복하다고 생각할 수 있다. 이런 생각을 떠올리게 하는 건 '기적'을 용납하지 않는 이성뿐이다. 이성은 대부분 열등감만 확인해준다. 이성을 넘어서고자 한다면 당신이 더 큰 사람으로 성장할 수 있는, 새롭고 긍정적인 공명장을 찾는 것이 중요하다.

의욕을 북돋우는 사람들과 가까이하라.

당신을 믿어주고, 당신의 힘을 확신하고, 당신의 놀라운 재능과 당신이 가진 잠재력을 인정해주고, 당신의 비전을 함께해주고 뒷받침해줄 수 있는 사람들을 가까이하라.

왜 당신의 의욕을 꺾고 당신의 힘과 창조성을 믿어주지 않는 사람들과 가까이하는가? 누가, 당신 안의 그 무엇이 당신에게 그렇게 해야 한다고 말을 하는가? 당신의 삶은 물 흐르듯 가볍고 경쾌해야 하고, 긍정적이고 힘 있는 에너지, 더 성장하고 새로운 걸음을 디딜 수 있도록 도와주는 에너지를 타야 한다. 그러나 당신을 방해하고 발전을 가로막는 사람들에 둘러싸여 있을 때가 많다. 지금까지 그런 일에 익숙했기 때문이다. 부모님이나 형제들, 친척이나 지인들이 이런 에너지를 뿜어왔을지도 모른다. 그들이 당신에게 부정적인 영향을 끼치더라도, 그런 에너지 안에 있는 것이 때로는 아주 '편안하게' 느껴질 것이다.

하지만 이런 부정적인 공명장에 붙어 있으면 긍정적인 경험을 당신의 삶으로 끌어오는 새로운 공명장을 구축하는 것이 힘들다.

내 강연을 들었던 그 여성은 스스로를 막다른 골목으로 몰아갔다는 것을 깨닫고는 어이없어하며 웃었다. 자신이 왜 그렇게 코치의 말에 휘둘렸는지, 왜 그런 말을 들으며 돈까지 지불했는지 이해할 수 없어했다.

당신도 비슷할 것이다. 부정적인 공명장에 놓여 있다는 사실은 금방 깨달을 수 없다. 의식적으로 점검하고 관찰해야 깨달을 수 있다.

당신을 둘러싼 에너지를 확인하는 간단하고 쉬운 방법이 있다.

● 주변 인물들을 떠올려보라. 자주 만나는 친구들, 지인, 친척들의 이름을 죽 적어보라.
● 각각의 이름 옆에 그 사람과의 관계에서 경험하게 되는 특성을 기입하라. 가령 "힘이 되는, 재미있는, 명랑한, 격려가 되는" 혹은 "늘 비판적인, 질투하는, 시샘하는" 등등.
● 너무 깊게 생각하지 말라. 이름을 보고 떠오르는 특성을 적어라. 가장 먼저 떠오르는 생각이 정답이다. 너무 오래 생각하게 되면 이성이 개입하여 모든 것을 상대적으로 생각하려 한다.

이런 방식으로 주위 사람들이 정말로 당신에게 힘이 되어주는지, 아니면 오히려 당신을 제약하고 열등감을 불어넣는지 쉽게 확인할 수 있다. 답이 쉽게 나오지 않으면 의도적으로 다음 질문을 던져보라.

● 당신 주변의 지배적인 에너지는 당신의 계획을 응원하고 있는가, 아니면 방해하고 있는가?

- 당신의 주변은 당신에게 힘과 에너지를 선사하는가?
- 기분 좋고 편안함을 느끼는가?
- 주위 사람들이 당신을 신뢰하는가?
- 주위 사람들이 당신을 응원하는가?
- 주위 사람들에게 당신의 소망을 표현할 수 있는가?
- 주위 사람들이 당신이 잘되기를 원하는가?
- 있는 그대로의 자기 모습을 보여줄 수 있는가?

당신의 대답이 시큰둥하게 나온다 해도 놀랄 일이 아니다. 그렇지 않았다면 당신은 이미 다른 진동장에 있을 것이고, 아마도 다른 에너지와 다른 사람들을 당신의 삶으로 끌어왔을 테니까.

자, 이제 약간 더 나아가 보자.

- 그 목록에서 당신의 힘과 창조적인 능력을 믿지 않는 사람들을 체크해보라.
- 언제까지 이런 사람들에게 휘둘릴 것인가? 그들이 당신의 삶을 판단하고, 당신을 깎아내리고, 부정적인 영향을 미치게 놔둘 것인지 생각해보라. 언제까지 방치할 것인지 목록에 숫자를 기입해보라. 하루, 한 달, 일 년 혹은 일생 동안? 당신은 자신이 원하는 삶이 어떤 것인지, 그 삶을 이루기 위해 스스로 뭘 하고 있는지 깨달을 수 있을 것이다.

　주변사람들이 그렇게 영향을 끼치도록 허락할 수 있는 사람은 이 세상에 단 한 사람밖에 없다. 바로 당신이다. 당신만이 다른 사람들을 당신의 삶 속으로 초대할 수 있다. 앞으로 어떻게 할 것인지 그 문제 역시 당신이 결정해야 한다.

● 당신을 뒷받침해주고 언제나 당신 편이 되어주는 사람들의 이름을 다시 한 번 죽 적어보라. 몇 안 되더라도, 언제나 조건 없이 당신을 도와주고, 행복을 빌어주는 누군가가 당신 곁에 있을 것이다. 곰곰이 생각해보라. 그 '친구'를 벌써 잊었는지도 모른다. 또는 당신의 삶에서 그 사람이 아닌 다른 사람들을 중요시하고 있었는지도 모른다. 어쩌면 그 사람이 곁에 있는데도 간과하거나 그런 '우정'을 당연시하고 있었는지도 모른다.

● 당신을 지지해주고 도와주려는 사람들에게 더 우선순위를 두고 시간을 할애하라.

당신을 인정하고 존중해주는

사람들과 가까이하라.

● 아직 그런 사람들이 없다면 생각의 공명장을 활용하라.

● 당신의 충만한 잠재력을 알아주는 사람들이 있다는 것을 의식하라.

● 이런 사람들이 이제 당신의 삶에 나타난다는 것을 확신하라.

● 무엇보다 당신 자신의 잠재력을 깨달아라.

● 스스로를 존경하고 사랑하며 자신을 인정하라. 목적 지향적으로 행
  동할수록 당신의 주변 사람들은 빠르게 변할 것이다.

● 원하는 공명장을 빠르게 구축하고 싶다면 다른 사람들의 소망이 이
  루어지도록 후원해줘라. 더 많이 줄수록 더 많이 받을 것이다. 언제
  나 비슷한 것끼리 끌어당긴다. 당신이 응원해주는 사람이 늘어날수
  록 당신을 밀어주려는 사람들이 주변에서 몰려들 것이다.


공명장으로 들어가라.


소망을 실현시키기 위해 친구나 가족을 포기해야 한다는 말이 아
니다. 당신의 바람이 이루어지리라고 믿어주는 사람들에게로 가야
한다는 말이다. 그렇지 않으면 확언이나 상상의 힘 또는 신체 연습을
통해 진동 에너지를 높여도 당신이 구축한 새로운 공명장이 계속 방
해받거나 막히는 것 같은 느낌이 들 것이다. 당신의 바람이 이루어질
것을 믿지 않고, 당신의 잠재력을 믿지 않는 사람들에게 둘러싸여 있
으면 당신의 공명장은 완전히 무너져 내리게 될 것이다.


부정적인 공명장은 당신의 발전을 저해할 수 있다.


반대로 긍정적인 공명장은 당신에게 긍정적인 영향을 미칠 것이
다. 당신 안에서 성장할 수 있는 것들을 진동하게 할 것이다. 그러므
로 당신의 소망을 이루도록 당신을 밀어주는 공명장들을 이용하는

것이 마땅하다.

　세상은 당신에게 열려 있다. 예전부터 열려 있었다. 에너지가 흘러 들어올 수 있도록 문만 조금 열면 된다. 당신이 문을 열고 준비되어 있다면 나머지는 공명장이 이루어줄 것이다.
　당신의 소망이 이루어진 곳으로 가기만 하면 된다. 거기서 당신은 두 배로 보상을 얻는다. 당신을 도울 또 하나의 특별 도우미가 기다리고 있기 때문이다. 바로 거울뉴런이다.

## 당신의 공명장에 행복을 불어넣어주는 사람과
## 불행을 부추기는 사람을 구분하라!

1. 당신의 주변인물들의 이름을 모두 적어보라. 그리고 머릿속으로 떠오르는 당신과의 관계를 적어라. 그들과의 관계망이 곧 당신의 현재 공명장이다. 누구에게 더욱 애정을 쏟을지 순서를 정하라.

2. 타인과의 관계망이 많지 않다면 공명장을 활용하라. 당신의 충만한 잠재력을 인정하는 사람들이 있다는 것을 의식하라.

3. 당신을 인정해주고 응원해주는 사람들에게 당신 또한 더 많은 관심과 애정을 쏟아라. 비슷한 것은 비슷한 것을 끌어당긴다. 당신이 바라는 공명장은 생각보다 빨리 구축될 것이다.

# '거울뉴런'으로 소망의 공명장을 구축하라



기아코모 리졸라티를 비롯한 이탈리아 파르마 대학의 신경학자들은 1990년에 흥미로운 현상을 발견했다. 그들은 인간이 스스로 경험하지 않았어도, 운동의 순서들을 기억하고 행동을 반복할 수 있게 하는 뇌의 특정 부분들을 찾아냈다. 이 부분의 뇌세포들은 어떤 활동을 구경하기만 해도 활성화되었다.

당신의 뇌는 당신 스스로 해본 것이 아니어도
특정 운동순서들의 기억을 저장한다.

완전히 새롭고 놀라운 사실이었다. 결코 훈련하지도 않았고 의식적으로 외우지도 않았지만, 이런—그저 보는 것만으로—저장된 기억들은 나중에 비슷한 운동을 할 수 있도록 한다. 경험한 적이 전혀 없어도 어떻게 행동해야 하는지를 안다.

놀라운 일이 가능한 것은 두뇌 속의 특별한 뉴런들 덕분이다. 학자들은 그런 뉴런을 '거울뉴런'이라고 부른다. 거울뉴런들은 줄타기 등 우리 스스로 특정한 행동을 실행할 때에 활성화된다. 그러나 더 흥미로운 점은 줄타기나 이상한 행동을 보기만 할 때도 활성화된다는 것이다. 거울뉴런은 다른 사람들의 행동을 내면으로 따라 할 수 있도록 한다.

의학계에서도 이런 지식을 유용하게 응용하고 있다. 뇌졸중 환자들은 일상적인 손운동(수도꼭지를 돌리는 등)을 영상으로 보며 다시금 익힌다.

사춘기 시절, 나는 이와 비슷한, 아주 인상적인 경험을 했다. 당시 나는 기타를 잘 치고 싶었다. 하지만 기타 선생님은 나에게 그다지 자극을 주지 못했다. 기타 실력은 별다른 진전이 없었다. 그러던 어느 날 스페인 천재 기타리스트 마니타 드 플라타의 콘서트에 가게 되었다.

그날 저녁 나는 아주 열광했다. 나는 맨 앞줄에 앉아서 넋을 잃고 음 하나 하나에 빠져들었다. 그날 이후 나는 그 스페인 기타리스트가 연주했던 후렴을 흉내 냈다. 연주는 그 어느 때보다도 잘되었다. 모든 테크닉을 이미 연습해보기라도 한 것처럼.

나는 하룻밤 사이에 달라진 기타 실력에 놀라워하는 동시에 매료되었다. 그렇게 할 수 있었던 것은 거울뉴런 덕분이었다.

● 자신의 능력을 개선하고 싶다면 다른 사람들을 열심히 관찰해라. 거기서 알게 된 것들을 경험세계로 편입시키면 된다.

● 거울뉴런은 놀라울 정도로 빨리 성장할 수 있도록 당신을 도와준다.

● 행동으로 옮기는 것이 중요하다. 거울뉴런들은 그 '첫 걸음'이 되어준다.

때로 우리는 어떤 것을 구경하면서 내적 거리를 상실한 채 몸과 마음으로 빠져든다. 이 역시 거울뉴런 때문이다. 예를 들면 어느 운동선수와 동일시하면 우리는 그와 혼연일체가 되어 열광하기 시작한다. 자연스레 자신이 직접 경험하는 것처럼 경기에 빨려 들어간다. 좋아하는 운동선수가 불리한 상황에 놓이거나 결정적인 위기에 놓이면—권투시합, 펜싱 경기 또는 축구의 승부차기에서처럼—근육은 긴장하고, 심박동은 빨라지며, 호흡이 가빠진다. 흥분해서 더 이상 감정을 자제하지 못하고, 소리 지르고, 날뛰고, 웃고, 안타까워하고 환호한다. 실제로 시합에 참여하고 있기라도 한 듯 모든 것을 경험한다. 집에서 텔레비전 앞에 앉아 있을 뿐이지만, 온몸은 경기에 참여하고 있다.

바로 거울뉴런이 다른 사람을 온전히 받아들일 수 있게 하는 것이다. 거울뉴런은 나와 다른 사람 사이의 경계를 허문다. 동정심이나 혐오나 행복감을 가슴속으로 함께 느끼고, 이런 감정들을 이해하고 실감할 수 있다.

1980년대 아폴로 프로그램의 데니스 웨이틀리 박사는 아주 흥미로운 시각화 프로그램을 맡았다. 그는 올림픽 경기에 참가하는 선수들에게 경기 상황을 생생하게 상상해보라 하고, 그 결과를 평가하기 위해 선수들을 바이오피드백 기기에 연결했다. 놀라운 결과가 나타났다. 경기를 머릿속으로 자세하게 떠올리는 것만으로도 선수들의 근육은 실제 경기를 하는 듯한 반응을 보였다. 실제 근육 활동과 같았다.

최근에는 많은 선수가 거울뉴런에 대한 지식을 활용하고 있다. 그런 훈련을 '멘털 트레이닝'이라고 부른다. 실제 경기가 시작되기 오래전부터, 운동선수들은 머릿속으로 경기에 필요한 모든 움직임을 각인한다. 특정한 경험을 시각화하고 되풀이한다. 단지 머릿속으로 상상하면서. 거울뉴런 덕분에 실제 경기에서 선수들은 빠르게 움직인다. 오래전에 경기를 해보기라도 한 듯, 더 많은 경험과 반응 능력과 선견지명을 지니고 있는 것처럼.

이런 이유에서 점점 더 많은 운동선수가 머릿속으로 경기를 연상한다. 100미터 달리기 선수들은 상상 속에서 출발선에 서서 달려 나간다. 신체는 모든 것을 경험하고, 세포 하나하나와 더불어 경기를 준비한다. 경기에 필요한 신체의 움직임은 언제든지 다시 불러올 수 있다. 선수가 생각했던 과정을 100퍼센트 행동으로 옮길 준비가 되어 있다.

뛰어난 선수들에게 어떻게 그렇게 긴 시간 동안 의욕을 잃지 않고 기대 이상의 힘을 발휘할 수 있었느냐고 물으면 그들은 이렇게 말한다. 도달해야 할 목표에만 집중했으며, 목표에 대한 기대감이 아주 컸다고. 그들은 이미 승리의 기쁨과 연결되어 있었다.

**'승리'의 공명장을 구축하라.**

원하는 목표를 강하게 바라볼수록, '승리'를 상상하고 내면에서 시각화할수록 더 완벽한 공명장을 만들어낼 수 있다. 목표를 이루는 데 필요한 모든 것을 삶으로 끌어당길 수 있다. 또한 당신의 몸은 소망하는 일에 맞추어진다.

이런 식으로 상상력을 투입하면 머릿속에 일종의 '신경 연결의 도서관'을 만들 수 있다고 한다.

그런 관점에서 시각화의 심오한 작동방식을 이해할 수 있다. 상상력을 활용하여 소망하는 상황을 의식적으로 생각하면 당신의 공명장은 최대화되고, 확신은 더 강해진다. 뿐만 아니라 거울뉴런을 활성화하여 훨씬 많은 지식으로 무장하게 된다. 실제로 그런 상황에 충분한 경험을 한 것처럼 느껴지게 된다. 적절한 시기에 필요한 일들을 할 줄 알게 되고, 주변 사람들에게 침착하고 평온한 태도를 보이게 된다. 당신의 신체는 안정을 느끼고, 어느 순간에도 놀라거나 부담을 느끼지 않는다.

나는 오래전부터 중요한 만남이나 약속이 있으면 마음속으로 만나는 장면을 그려보고, 내가 원하는 대로 대화하는 걸 상상하는 버릇이 있다. 이런 방식으로 나는 스스로 자신 있고 담담한 기분으로, 늘 순발력 있게 반응하며 일들을 쉽게 조율해 나간다.

여기에 거울뉴런들은 또 다른 중요한 기능을 한다. 거울뉴런들은 이미 경험해 보았을 또 다른 기억의 선물을 준비한다.

어떤 사람이 변변치 않게 살다가 갑자기 부자가 됐다거나 유명해졌다는 이야기를 들을 때 어떤 느낌이 드는가? 그런 이야기를 듣게 되면 당신은 한동안 아주 고무되고 의욕에 넘쳐서, 스스로도 그렇게 할 수 있을 듯한 기분이 들 것이다. 그렇다. 이런 기분을 느끼는 것 역시 거울뉴런 덕분이다. 거울뉴런은 당신이 다른 사람들의 경험을 듣거나 읽거나 감탄하면 그런 경험들을 당신 자신의 경험으로 저장한다.

누군가를 자신과 동일시할수록, 동경하는 부분이 비슷할수록 저장된 경험은 더 강력하다.


이것은 예전에 몰랐던 또 하나의 해결 가능성을 선사한다. 간디, 석가모니, 예수, 마틴 루터 킹, 마더 테레사, 넬슨 만델라를 비롯한 인물들은 예나 지금이나 우리에게 영감을 주고 새로운 방향으로 인도하고 있다. 다른 사람들의 놀라운 성공 이야기를 읽거나 들을 때도 사정은 마찬가지다. 거울뉴런들은 우리가 보거나 들은 것이 현실이 되기까지 그것들을 내적으로 모방하도록 도와준다. 성공 스토리는 우리 자신이 한계에서 벗어날 수 있도록 도와준다. 우리는 스스로 성공할 수 있다는 것을 안다.

불가능을 가능으로 이뤄낸 사람들의 이야기를<br>
생각하기만 해도<br>
거울뉴런들은 활성화된다.

● 다른 사람들은 소망을 이루기 위해 어떻게 노력했는지 알아보라. 그들의 경험을 읽고, 보고, 분석하여 당신 자신의 것으로 만들어라.

성공한 사람들이 즐겨 읽는 서적은 성공한 사람들의 전기라고 한다. 거울뉴런의 학습 능력을 생각할 때 이런 현상은 전혀 놀라운 일이 아니다. 성공한 사람들의 책을 읽을수록, 당신의 두뇌 속엔 성공의 기억들이 더 많이 저장된다. 당신은 모든 것이 가능하다는 것을 안다. 한계는 없다. 고난은 더 크게 도약하기 위한 장애물일 뿐이다.

● 성공한 사람들의 삶에 관심을 가져라.
● 그런 삶의 여정들을 서술한 전기를 읽거나 영화를 보라.
● 가난하게 살다가 재정적 자유를 이룬 사람들의 이야기를 가까이하고 , '기적'에 관심을 가져라.

# '거울뉴런'의 롤모델을 찾아라

1.당신의 두뇌에 존재하는 놀라운 사고체계, '거울뉴런'을 의식하라.

2.당신이 따르고 싶은 롤모델의 이야기를 듣거나 읽거나 떠올리기만 해도 '거울뉴런'은 활성화된다.

3.'거울뉴런'은 성공적인 공명장을 만드는 대들보다.

# 당신의 소망이 이미 이루어진 곳에
# 진정한 공명장이 있다

장애물을 찾는 데 시간을 허비하지 말라.
그곳에 장애물은 없을 테니까.
_프란츠 카프카

소망과 신체적으로, 감정적으로 접촉하라! 거울뉴런이라는 선물을 활용하여 이상적인 공명장을 구축하기 위해서는 당신이 소망의 에너지에 부합하는 공명장을 가까이하는 것이 가장 효과적이다.

잘살기를 원한다면 잘살고 있는 사람들을 가까이하라. 배우자와 행복한 가정을 이루고 싶다면 화목하고 금슬 좋은 부부를 가까이하라. 전문적인 직업을 얻고자 한다면 그 분야에서 일하고 있는 사람들을 가까이하라.

그렇게 하면 당신 자신의 진동 주파수를 원하는 방향으로 끌어올리고, 거울뉴런을 통해 미지의 경험을 할 뿐 아니라—그렇게 만들어진 끌어당기는 힘을 통해—다음 단계에서 무엇을 어떻게 해야 하는지 깨닫게 될 것이다. 목표에 도달할 수 있다고 격려하는 사람들, 당신의 믿음을 격려해주는 사람들을 만나게 될 것이다.

다른 사람들의 성공만큼 당신에게 희망을 주고 자신감을 불어넣는 것은 없다. 다른 사람이 해냈다면 당신도 할 수 있다! 성공한 사람들은 당신의 소망을 이해한다. 그들도 한때 당신처럼 소망을 지니고 있었던 적이 있다. 그들은 당신을 격려해주고—무엇보다 중요한 것은—당신의 잠재력을 믿어줄 것이다.

당신이 삶에서 이루고 싶은 것이 있다면 이미 그 소망을 이룬 사람이나 이루어진 곳으로 가라.


우리는 다시 지지난 장의 출발점으로 돌아왔다. 당신을 믿어주는 사람들을 가까이하라. 당신의 소망이 이미 성취된 곳에서 그런 사람들을 발견하기가 가장 쉽다.

만약 더 나은 주거지역으로 이사 가고 싶다면 그 지역에 가서 약간 머물러 보라. 그곳에서 산책을 하고 카페에서 차를 마셔보고, 쇼핑을 하고, 공원을 산책하라. 분위기를 향유하고 그곳에 감도는 에너지를 느껴라. 새로운 진동을 느껴보고 맞춰보라. 당신이 그곳에 산다면 얼마나 좋을지 상상하라. 아직 살 수는 없지만, 당신이 살고 싶은 집들을 돌아보라. 발코니에 올라서서 놀라운 에너지를 즐겨라. 그 에너지는 바로 당신의 것이다!

이 시점부터 당신의 소망은 더 이상 시각적인 차원에만 머무르지 않는다. 당신은 이미 온몸으로 소망을 기대하고 있다.


● 당신이 진정 원하는 곳에 머물수록 바람직한 공명장을 구축할 수

있다.

- 떠나고 싶은 곳에 계속 불안하게 붙어 있다면 주변의 진동들과 싸워야 할 것이다. 주변 진동에 빠져들지 않으려면 당신은 주변을 지배하는 진동보다 더 강해야 한다.
- 틈나는 대로 당신이 원하는 진동이 있는 곳을 찾아라.
- 새로운 진동을 온몸으로 포착하라. 당신의 삶은 생각보다 빨리 변화할 것이다. 당신이 이미 기대를 품고 있기 때문이다.
- 원하는 공명장이 형성된 곳에서 당신은 정보를 쉽게 얻을 수 있을 것이다. 조언과 도움을 주는 사람들을 만날 수 있을지도 모른다.

걱정과 두려움이 머릿속을 맴돈다면

당신을 그런 진동에 붙잡아 두는 장소를

잠시 떠나보라.

두세 시간이면 충분한 힘을 충전할 수도 있다. 일주일 정도 시간을 내어 보는 것도 좋을 것이다.

자신의 인식이 얼마나 빨리 변하는지 당신은 이미 경험해 보았다. 휴가를 떠나면 당신은 삶을 바꾸고 싶은 생각을 하고, 새로운 계획을 떠올려본다. 하지만 집으로 돌아오면 얼마 되지 않아 언제 그랬냐는 듯이 의욕이 사그라진다.

당신은 의식하지 못하지만, 휴가란 다름 아닌 당신의 공명장에 변화를 주는 활동이다. 하지만 다시 집에 돌아오면 익숙한 환경을 지배하는 낡은 진동에 놓이게 된다. 때로 당신은 휴가를 꿈꾸고, 이루지 못한 계획을 떠올려본다. 자신이 끈기가 없다고 자책하며 활기를 잃기도 한다. 그러나 의욕을 잃기 전에 장소를 옮기기만 해도 당신의 공명장이 얼마나 쉽게 변하는지를 명심하라. 이를 동력으로 삼아 삶을 바꾸자.

● 당신은 어떤 소망을 이루고 싶은지, 소망을 위한 진동을 받기 위해서는 어느 장소가 가장 좋은지 생각하라.

머릿속으로 무슨 행동을 떠올리든 자신이 약간 정신 나간 것처럼 느껴지더라도 개의치 마라. 결혼을 하고 싶다면 웨딩드레스를 입어보라. 곁눈질만 하며 차마 살 생각조차 하지 못했던 자동차에 시승해보라. 살고 싶은 집을 구경해보라. 어느 곳에 가면 당신이 소망했던 에너지를 발견할 수 있을지 여행사와 충분히 상의하고, 인터넷 블로그에도 들어가보라. 당신의 소망을 신체적으로 경험해보라.

당신의 소망과 신체적으로, 감정적으로 접촉하라.

# 행복한 곳에서 희망에너지를 느껴라

1.당신의 소망이 이루어진 곳이 어디인지 파악하라. 그리고 그곳에 가서 몸과 마음으로 에너지를 느껴보라.

2.당신은 생각했던 것보다 빨리 소망의 공명장을 구축할 수 있을 것이다.

# 뉴스와 신문이 당신의 공명장에 미치는 영향



모든 정보, 모든 이야기, 모든 소식은
당신의 DNA에 영향을 끼치며,
당신의 전 세포 구조에 자국을 남긴다.



뉴스는 '나쁜 소식 모음'에 지나지 않는다. 실업, 홍수, 기후 재해, 에너지 위기, 은행파산, 테러, 전쟁 발발 가능성……. 이외에도 끔찍한 소식들이 많다. 당신은 밤마다 그런 소식과 더불어 잠자리에 든다. 아나운서는 세계 도처의 나쁜 소식들과 끔찍한 영상을 보여준 뒤 당신에게 "좋은 밤"이 되라며 인사를 한다.

"좋은 밤"은 대체 어떤 밤인가?

뉴스와 신문은 불안에 불을 지피고, 두려움에 기름을 붙는 '최고의 폭발물'이다. 당신은 뉴스와 신문을 접하며 방어 자세를 취하게 된다. 몸은 과중한 부담을 느낀다. 당신은 점점 더 무기력해지고, 더 이상 내부에서 비전을 찾지 못한다.

생각이 두려움의 에너지에 사로잡히면 계속해서 두려움을 확인하

는 경험들을 삶에 끌어들이게 된다. 비슷한 것은 비슷한 것을 끌어당
긴다는 사실을 명심하라.

**두려움을 떠올리는 순간, 두려운 상황이 잉태된다.**

하지만 이런 순환에서 벗어나는 일이 쉽지 않다. 스트레스 호르몬
이 활성화되면 명료한 사고를 할 수 없기 때문이다.

문제를 해결하기 위한 생각은 두뇌 앞부분에서 일어난다. 그곳은
이성과 논리가 자리를 잡고 있다. 반사적인 행동은 두뇌 뒤부분에서
떠올리게 된다. 비상사태에 닥치면 스트레스 호르몬은 아주 빨리 반
응하기 위해 두뇌 앞부분의 혈관을 좁힌다. 때문에 스트레스를 받으
면 당신은 더 이상 분별 있는 사고를 할 수 없다. 게다가 스트레스 호
르몬은 지적인 행동의 중추를 억압한다. 이런 활동은 대뇌피질 앞부
분에서 일어난다. 그리하여……

스트레스를 받고 있을 때<br>지능과 지각력은 떨어진다.

스트레스를 받고 있으면 명료한 사고를 하거나 의식적인 결정을
내리는 것이 불가능하다. 두려움의 에너지에서 벗어나 긍정적인 공
명장을 만들기가 훨씬 더 어려워진다.

하지만 그것이 전부는 아니다.

두려움과 스트레스를 안고 잠이 들면 당신은 이런 에너지를 수면 의식으로 가지고 들어갈 뿐 아니라, 그것들을 기억 속에도 저장한다. 뇌과학적으로 규명한 바 기억 내용은 주로 잠잘 때 이루어지기 때문이다. 잠들기 직전의 경험일수록 당신의 기억 속에 더 강하게 장착된다. 즉 두려움의 에너지는 점점 더 당신의 유일한 현실이 된다. 언뜻 무해하게 보이는 것은 엄청난 영향력을 갖는다.

이런 순환으로부터 어떻게 다시 벗어날 수 있을까? 아주 간단하다.

● 한 주간 뉴스를 보지 않고 잠자리에 드는 기분이 어떤지 느껴보라. 뉴스를 보는 대신 자신의 긍정적인 에너지를 발견하는 시간을 가져 보라.

중요한 선거를 앞두고 공연히 두려움을 부채질한 다음, 그들만이 최적의 해결책을 가지고 있는 척, 속이 뻔히 들여다보이는 공약을 하는 정치인들이 눈에 띄는가? 세계의 참상을 전하고 나서 "좋은 밤" 되시라고 인사하는 뉴스 진행자는 또 어떤가?

좋은 밤은 아마 손수 마련하는 편이 더 쉬울 것이다. 당신이 어떤 인생을 살 것인지는 당신의 손에 달려 있다. 당신의 인생은 당신에게 속한 것이다.

**당신이 만든 공명장이 금방 허물어진다면**

## 아무리 좋은 공명장을 구축한들 무슨 소용인가?

소망의 에너지에 방해가 되는 것이 뉴스들만은 아니다. 당신의 습관을 한번 눈여겨보라.

당신은 어떤 영화를 좋아하는가? 범죄영화, 호러영화, 스릴러 영화를 즐겨 보는가? 아니면 드라마나 비극을 즐겨 보는가? 영화 주인공이 절망적인 상황과 질병, 사랑하는 사람의 죽음이나 재정적 파산을 경험하는가? 영화산업이 당신의 마음을 빼앗기 위해 수법을 총동원한다는 사실을 잊지 말라. 감정을 사로잡아야만 당신을 사로잡을 수 있다. 모든 감독과 시나리오 작가들이 원하는 것은 다름 아닌 당신의 감정 세계를 터치하는 것이다. 그것을 위해 영화제작자들은 많은 돈을 지출하고, 제작팀을 고용한다. 영화가 보여주는 것을 당신이 느낄 수 있도록 말이다.

그러나 당신의 이성은 환상과 현실을 구별하지 못한다. 당신의 무의식은 이런 경험들을 저장고에 저장하고, 주어지는 정보들을 이런 새로운 경험에 따라 분류한다.

'단' 90분 만에 당신은 드라마를 통해 세계 전쟁과 기아와 생존투쟁에 휘말려 들어간다. 이런 경험을 자주할수록 당신은 생각과 감정으로 이런 것들에 몰두하게 된다. 계속해서 비슷한 영화들을 본다면, 커다란 재난이나 기아에 대한 뉴스나 특별방송들을 계속 본다면 당신 안에 결핍과 가난과 걱정과 곤궁과 두려움의 거대한 공명장이 구축된다.

거기서 생겨나는 감정들은 때로—아마도 매우 자주—당신의 소망을 통해 생겨나는 감정들보다 더 강하고 오래갈 것이다.

따라서 당신이 내적 긴장감이나 흥미 때문에 계속해서 드라마적인 사건이나 살인사건 등이 등장하는 책들을 읽는다면,

당신 스스로는 결코 경험하고 싶지 않은 공명장으로 당신을 데려가는 영화들을 계속하여 본다면,

충격적이거나 혐오, 거부감, 불쾌함을 유발하는 뉴스들을 많이 본다면

이런 공명장이 당신 안에도 구축되게 된다. 그리고 끌어당김의 법칙이 작용하여 당신은 점점 더 당신이 원하지 않는 것과 스스로를 동일시하게 된다.

삶이 완전히 달라질 수 있는 것을 명확하게 느끼려면 일주일간 다음 방법으로 당신의 몸에 건설적인 에너지가 흘러넘치게 하라.

● 마음을 고양시키는 서적을 읽어라.
● 용기를 주는 영화를 보라.
● 밝은 음악을 들어라.
● 좋아하는 사람만 만나라.
● 사랑에 넘치는 편지를 써라.

● <u>일기에 자신의 생각을 기록하라.</u>

당신 스스로 허락하는 모든 것은 당신의 공명 시스템에 영향을 끼쳐 다양한 감정을 유발한다. 좋은 음악을 듣거나 감동적인 책들을 읽으면 당신의 정서는 훨씬 더 평화롭고, 경쾌하고, 밝고, 고요해질 것이다.

이미 충족되어 있는 곳을 지향하라.

뭔가를 반복하면 반복할수록 더 빨리 현실이 된다. 당신 두뇌 속의 시냅스 때문이다.

# 올바른 문화활동으로 소망의 에너지를 모아라

1.두려움과 스트레스를 안고 있다면 당신의 공명장은 부정적인 에너지로 가득 차게 된다.

2.자극적인 뉴스나 신문기사, 그리고 말초적인 신경을 자극하는 드라마와 영화, 소설, 음악 등을 멀리 하라.

3.자신에게 더욱 애정을 갖고, 편안한 사람들을 만나고 마음을 고양시키는 책과 음악을 들어라. 당신의 정서는 더욱 밝고, 고요해질 것이다. 공명장 또한 밝은 에너지로 차오를 것이다.

# 의식의 혁명은 두뇌에서 시작된다



뇌과학의 과학자들은 두뇌도 변할 수 있다는 것을 규명하여 세상을 놀라게 했다. 두뇌는 당신이 어떤 활동을 하느냐에 따라 그 형태가 변한다. 이론적으로만 변할 뿐 아니라, 물리적으로도 변한다. 두뇌는 당신이 어떤 새로운 생각을 하고, 어떤 새로운 경험을 하는가에 따라 변한다.

실험에서 피험자들은 일정 기간 동안 낯선 활동을 수행했다. 그 결과 활동을 하면서 활용되었던 부분에 따라 두뇌는 훈련을 받은 근육처럼 커진 부분이 있는가 하면 축소된 부분도 있었다. 특히 활용되지 못했던 부분은 실제로 크기가 줄어들었다. 동시에 두뇌의 새로운 시냅스들이 연결되었고, 에너지의 흐름이 증가했고, 새로운 생각의 고리들이 활성화되기 시작했다. 당신이 새로운 활동을 하거나 생각을 하면 두뇌는 연결망을 완전히 바꾸고, 뉴런을 새롭게 연결시키는 능력을 발휘한다.





두뇌는 다음을 따른다.


● 한동안 특정한 것을 생각하거나 특정한 활동을 하면 뇌에서 그러한
생각과 행동을 담당하는 부분이 커진다.
● 한동안 활용하지 않고 버려두는 뇌의 다른 부분들은 축소된다.


각 기능을 담당하는 뉴런은 새로운 전기 신호들—정보들—을 더
빠르고 쉽게 전달할 수 있기 위해 그 기능을 바꾼다.
과학적으로 뇌의 이런 놀라운 변화능력을 '뇌가소성'이라 부른다.


당신이 매력적으로 생각하는 것은 언제든지 현실에서 이루어낼 수
있다는 것이다. 두뇌는 생각에 반응하고, 그에 따라 새로운 뉴런들을
만들어낸다. 당신의 두뇌는 완전히 새롭게 연결된다.

당신이 일정 기간 동안 사고방식을 새롭게 하여 지금까지 활용하지 않았던 두뇌의 부분들을 훈련한다면 미래에 당신이 겪게 될 경험은 완전히 달라질 수 있다.

● 당신은 새로운 사고와 행동을 통해 두뇌의 새로운 신경 세포들을 활성화시킬 수 있다.
● 뉴런의 기능은 변할 수 있고, 새롭게 연결될 수 있다. 당신이 의심과 부정적인 생각과 관련된 영역들을 활용하지 않는다면 그런 영역들은 점점 작아지고 중요하지 않게 된다.
● 당신은 삶을 완전히 새롭게 정렬할 수 있다.
● 일정 기간 동안 당신의 사고를 바람직한 새로운 방향으로 바꾸기만 해도 당신의 확신은 완전히 변한다.
● 확신이 변하면 인생이 달라진다.

당신은 습관을 점검하거나 일정 시간 동안 특정 행동을 반복하는 것이 왜 중요한지를 이해했을 것이다. 다음 장에서 다룰 확언은 이런 관점에서 볼 때 의미를 갖는다.

물론 당신의 두뇌가 변화하기 위해서는 시간이 필요하다. 의도적으로 자극된 신경세포들은 불과 몇 분 사이에 이웃세포들과 연결된다. 그리하여 벌써 '작은 길'이 생겨난다. 물론 이런 '길을 다닐 수' 있기까지, 즉 정보들이 실제로 교환될 수 있기까지는 하루가 걸린다. 막스 플랑크 연구소의 신경생물학자들은 인간의 신경세포들이 새로이 구축된 접촉 지점을 통해 정보들을 교환하기까지 최대 24시간 정도가 소요된다는 것을 알아냈다.

새로 배운 모든 것은 시간이 필요하다. 첫 여덟 시간 사이에 작은 가지들이 생겨나며, 이어지는 시간에 이런 가지들이 계속 형성되고 유지될 것인지 아닌지가 결정된다.

당신이 새로운 정보들을 계속 기억하고자 한다면 의도적으로 반복을 해야 한다. 이것은 자주 반복하여 두뇌 속에 각인하는 학습과정이다. '연습이 대가를 만든다'는 말도 있지 않은가. 당신이 긍정적인 확언을 반복해야 하는 이유 또한 그것이다.

새로운, 바람직한 확신을 꾸준히 고수하여
원치 않는 옛 확신을 몰아낼 수 있다.

신경학자들은 인간의 두뇌가 예전의 확신들을 다시금 잊어버릴 수 있다는 것을 밝혀냈다.

새로운 '길'—신경학자들의 언어로 '돌기'라 불리는—이 다른 길과 연결되었던 접점에 도킹했을 때 새로운 돌기가 옛 돌기를 몰아낼 가능성은 아주 높다.

막스 플랑크 신경생물학 연구소의 신경학자 발렌틴 네게를은 "이런 관찰은 새로운 것을 배울 때 옛것을 잊어버리는 현상과 관계가 있을 것으로 보인다"고 말한다.

그러나 습득되어 있던 것은 최근에 습득한 것들보다 훨씬 더 빨리 회복될 수 있다. 예전의 연결들은 밀려나더라도 완전히 사라지지 않고, 필요하면 다시 생겨난다는 것이다.

이런 인식은 당신이 매 순간 삶의 컨셉을 의식적으로 변화할 수 있다는 것을 보여준다. 약간의 시간, 인내, 반복만 있으면 된다. 그러면 당신의 두뇌는 새로운 연결을 만든다.

당신의 삶에 있어야 할 새로운 것은 무엇인가?

# 긍정적인 두뇌 훈련으로 의식을 전환하라

1.당신이 무슨 생각을 하고 무슨 행동을 하느냐에 따라 두뇌의 새로운 신경세포들이 활성화된다.

2.부정적이고 의심스러운 생각을 줄인다면 두뇌에서 그런 사고들을 담당하고 있는 영역들은 점점 작아지고 활용성도 떨어진다.

3.새로운 사고를 바람직하게 활용할 수만 있어도 당신은 이상적인 공명장을 구축할 수 있다.

# 확언의 힘



확언은 기도문처럼 계속 되뇌어야 할 긍정적이고 희망을 담은 문장들이다. 당신이 확언을 되뇔수록 삶의 목표가 더욱 확실해질 것이다. 사실 확언은 그 이상의 효과를 발휘한다. 당신은 확언을 통해 당신의 소망을 위한 이상적인 공명장을 신속하게 구축하고, 두뇌를 재프로그래밍 할 수 있다. 확언은 언제 어디서나 투입할 수 있기 때문이다.

> 확언은 당신의 믿음을 바꿀 수 있도록
>
> 신속하게 도와준다.

계속 생각하고 말하는 확언은 당신의 잠재의식 속에 깊숙이 각인되고, 당신의 마음가짐과―당신이 이미 알고 있듯이―모든 뇌기능을 변화한다.

이것이 확언이 갖는 깊은 의미이다. 이성은 예전의 프로그램을 해체하고 새로운 프로그램을 마련하기 시작한다. 따라서 당신은 걸림돌이 되는 기존의 부정적인 확신을 새롭고 긍정적인 확신으로 대치한다.

중요한 것은 당신이 당신의 확언에 절대적인 믿음을 선사해야 한다는 것이다. 당신은 확언을 피부로 느껴야 한다. 당신은 정말로 느끼고 믿는 것을 삶으로 끌어들이기 때문이다.

● 모든 확언 문장은 명령처럼 잠재의식으로 간다.

● 확언문은 예전의 확신을 변화시킨다.

● 확언을 통한 새로운 확신은 가슴과 DNA로 받아들여지고 전송된다.

● 당신은 확신을 통해 세상의 모든 것들과 의사소통을 한다. 의사소통은 어떤 제한도 없이, 동시적으로, 하이퍼 공간에서 이루어진다.

● 공명의 법칙에 따르면 당신의 새로운 확신에 맞는 모든 것이 당신의 삶 속으로 끌려 들어온다.

소망문이나 확언은 당신의 의식이 한 가지 목표로 집중되도록 도울 뿐 아니라, 당신의 전 존재에 영향을 끼친다. 당신은 당신의 믿음을 소망하는 쪽으로 변화시키고, 이것을 에너지로 세상에 내보낸다.

어떤 확언이 가장 좋은지 알 수는 없다. 어떤 소망 문장이 더 효과적인지는 사람마다 다르다. 사람마다 바라고 동경하고 목표하는 것이 다 다르며, 현재 처한 상황도 다르기 때문이다.

가장 기분 좋고, 가장 저항이 덜 느껴지는 확언을 골라라. 확언을 떠올리면 당신은 따뜻하고 유쾌하고 안정된 감정에 젖어들어야 한다. 두려움이 느껴지거나 믿음이 가지 않는다면 저항 없이 생각하고 말할 수 있는 것으로 문장을 바꾸어야 한다.

확언은 입으로 쉽게 나와야 하고,
당신에게 힘을 주는 것이라야 한다.


확언을 하는 것이 힘들고 자연스럽게 느껴지지 않는다면 한걸음 물러서서 생각해보라. 가령 소망 문장이 "난 부자가 되고 싶어!"인데, 계속해서 의심을 떨쳐내지 못하고 그 문장을 확신할 수 없다면 명령문으로 바꾸어 보라. "부자가 되는 건 기분 좋은 일야" 혹은 "난 돈을 좋아해"가 더 나을지도 모른다.

몇몇 확언을 문장으로 만들어 시험해보면 당신의 어디가 막혀 있고, 어디에 부정적인 의견들이 숨어 있는지 빠르게 발견하게 될 것이다.

가장 좋은 것은 당신에게 커다란 힘이 되는 확언을 찾아내는 것이다. 확언이 이루어지리라는 것을 느끼고, 행복을 만끽하는 것이 가장 중요하다.

가령 "난 사랑스러워"라는 문장은 많은 이들에게 무척 낯간지러울 것이다. 지금까지 살아오면서 너무나 오랫동안 그와 반대되는 확신을 가졌고, 그런 확신을 다른 사람들로부터 끊임없이 확인받아 왔으니 말이다.

그런 확언에 부담을 느낀 나머지, 공명에서 튕겨져 나와 스스로를 의심하여 부정적인 진동을 양산하기 전에 확언을 다른 방식으로 접근하는 것이 좋다. "난 내가 좋아!" 혹은 "난 내가 점점 마음에 들어" 하는 문장이 훨씬 든든하게 느껴지고, 내적으로도 의심이나 저항이 느껴지지 않을 수도 있다.

확언을 어떻게 활용할까? 당신에게 잘 맞는 확언을 발견했다면 머릿속으로 혹은 크게 소리 내어 반복할 수 있다. 매 순간 확언을 반복하여 당신 안에서 생겨나는 확신을 느껴보라. 소망 문장을 기도문처럼 되뇌어도 좋다. 당신의 소망에 충분한 힘이 느껴진다면 간혹 한 번씩 이용해도 좋다. 하지만 의심이 솟구쳐 올라와 당신의 생각을 지배하는 것이 느껴진다면 고민할 필요 없이 소망 문장을 반복하라. 에너지가 느껴지고 마음이 평화로울 때까지 반복하라. 그렇게 하면 당신은 바람직한 공명 가운데에 있고, 부정적인 에너지에 휘둘리지 않게 된다.

확언에 더 많은 힘을 불어넣어라. 확언이 우주에 전송되는 것을 의식하면 더 강한 에너지를 보낼 수 있다. 때문에 당신은 언제나 당신이 에너지를 보낸다는 것을 염두에 두어야 한다. 당신은 송신자다. 당신은 정말로 방송국처럼 에너지를 쏘아 보낸다. 당신의 가슴, 당신의

DNA, 당신의 두뇌를 통해서 말이다. 당신의 에너지를 수신할 준비가 된 사람들은 그것을 포착할 것이다.

명확한 에너지일수록 더 잘 포착된다. 소망 문장이 당신에게 잘 맞고, 동일시하기 쉬운 것일수록 송신되는 에너지는 더 강하다.

# 당신만의 ‘행복 확언’을 만들어라

1.확언은 당신이 기도문처럼 외워야 할 문장이다. 소망 문장을 만들어 자주 되뇌어라.

2.소망 문장이 당신에게 부담스럽거나 자연스럽지 못하면 오히려 마음속에 부정적인 에너지가 들어차 역효과를 낸다. 직접적인 문장이 아닌 편안하고 자연스러운 문장을 떠올려라.

3.머릿속으로 되뇌어도 좋고, 큰 소리로 말해도 좋다. 이상적인 공명장이 구축될 것이다.

# 당신의 소망을 이미지로 구현하라

꿈이 선행되지 않고는
아무 일도 일어나지 않는다.
_칼 아우구스트 잔트부르크

확언은 당신이 소망과 계속해서 공명할 수 있는 가장 강력한 수단이다. 그러나 확언 외에도 생각의 힘을 통해 올바른 에너지를 보내는 방법은 많다. 당신이 당신의 소망과 동일시하고 몰두할 수 있는 것, 즉 당신이 만든 공명장을 유지하는 것이 무엇보다 중요하다는 것을 명심하라.

소망은 비슷한 에너지 장을 찾는 우주의 탐색기라 할 수 있다. 비슷한 것끼리 끌어당기기 때문에 당신은 삶에서 소망을 이루게 된다. 그러나 한편으로 당신은 또한 소망에 몰두하면서 스스로 변화되어 어엿한 소망의 수신자가 될 채비를 갖추어 나가게 된다.

소망에 오랜 시간 동안 강하게 몰두할수록 당신이 외부로, 무의식적으로 보내는 에너지는 더욱 강력하게 오랫동안 지속된다. 당신은 소망에 몰두하기 위해 굉장한 노력을 들여야 할 것처럼 느낄지도 모르겠다. 하지만 사실은 전혀 그렇지 않다. 결코 힘들일 필요가 없다. 놀이를 하듯 공명으로 들어갈 수 있다. 소망하면서 편안한 마음을 유지할 수 있는 것이 관건이다. 편안해지는 것이 쉬울수록 좋다.

이런 상태에 도달할 수 있는 방법은 많이 있다. 가령 당신은 당신 자신의 소망을 콜라주로 만들 수 있다. 이것은 내가 가장 좋아하는 방법이기도 하다.

- 신문이나 잡지 등에서 당신이 원하는 것은 무엇이든지 오려 내라. 당신의 소망과 관련이 있는 모든 그림, 사진, 스케치 등을 말이다. 스스로를 제한하지 말라. 컴퓨터, 자전거, 집, 옷 또는 자동차 사진을 붙일 수도 있을 것이다. 여러 가지 소망의 이미지가 든 사진이나 그림을 붙일 수도 있을 것이다. 집, 롤러블레이드, 가방, 배, 휴가, 꿈의 파트너 혹은 돈…….
- 삶에서 원하는 것이 무엇이든 그것을 오려 붙여라. 손수 그림을 그려 넣거나 글을 써넣을 수도 있다. 콜라주의 크기는 당신이 원하는 대로 정하라. 당신이 이런 이미지—당신의 소망—를 계속하여 눈앞에 그리면서 몰두하는 것이 가장 중요하다. 원하는 것을 눈앞에 그릴수록 당신의 잠재의식은 기대감으로 충만하게 될 것이다. 원하는 것을 점점 더 많이 자기 것으로 받아들이게 될 것이고, 자신의 소망과 일체되고 있다는 느낌을 받을 것이다. 당신 스스로가 목표에 점

점 더 다가가게 될 것이다. 그리고 갑작스레 그것들은 이루어질 것이다. 당신은 그런 현상을 아주 당연하게 생각할 것이다. 그것들은 이미 오랫동안 당신의 일부가 되었기 때문에 당신의 삶에서 고개를 내미는 것이 당연하게 여겨지는 것이다.

● 매일 매일 그림을 마주 대할 수 있도록 그림이나 사진 등의 이미지를 당신의 집에 걸어 둬라.

● 원할 때마다 새로운 것을 추가해 넣을 수도 있고, 몇몇 디테일들을 더 구체적으로 그려 넣을 수도 있다.

● 생각과 상상에 집중하고, 몰두할수록 그림 속에 담긴 소망은 당신의 삶에 이끌릴 것이다.

● 더 많은 기대감을 가질수록 당신이 방출하는 에너지는 더 강해진다.

● 그림을 당신 스스로와 연결하라. 놀라운 미래가 펼쳐질 것이다.

● '행복'은 당신의 것이다.


소망의 이미지는 아주 다양하다.


● 자기 자신을 중간에 그려 넣고 주변을 빙 둘러 긍정적인 특성을 써 넣을 수도 있다. 말풍선을 그려 넣는 것도 재미있을 것이다. 그곳에 당신의 목표와 비전을 써 넣어라! 드러난 재능과 숨겨진 재능 모두 찾아보라.

● 자신이 이미 할 수 있는 것이 얼마나 많은지, 자신이 얼마나 개성 있으며 장점이 많은지 눈앞에 보는 것은 환상적이고 놀라운 일이다.

이런 소망의 이미지는 당신 공명장의 개인적인 프로그래밍이다.

나는 이러한 방법이 공명장 가운데 나의 소망을 힘들이지 않고 붙잡는 방법 중 하나라고 말했다.

얼마 전 미햐엘라가 나에게 말풍선이 있는 콜라주를 하나 만들어주었다. 이런 것을 마인드맵이라 부르기도 한다. 미햐엘라는 내 이름을 중앙에 쓰고는 주변에 나의 모든 목표와 비전을 기록했다. 나는 이런 콜라주를 내 책상 근처의 보드 판에 걸어 놓고 매일 보았다. 일할 때나 책을 읽을 때, 생각할 때나 전화할 때……. 의식적으로 살펴보기도 했고, 무의식적으로 눈길이 가기도 했다.

채 2년도 되지 않아 모든 목표가 이루어졌다. 당시 소망을 이루기에 너무 멀리 있다고 여겨졌던 것들도 말이다. 나는 매일 적잖이 (무)의식적으로 스스로를 목표와 연결시켰고, 그렇게 내 안에서 무엇인가가 새로이 배열되었다. 당시 어떤 계획들은 두려움마저 자아내기도 했다. 나는 내가 그런 것들을 이룰 수 있는 것인지 알지 못했다. 하지만 오늘날 그것들은 나에게는 아주 당연한 것이 되어버렸다.

어떤 것들은 아주 쉽다. 힘을 덜 쓸수록 당신은 편안해질 수 있고,

편안해질수록 긍정적인 공명에 있을 확률이 커진다.


● 소망이 담긴 콜라주를 만들고 무슨 일이 일어나는지 관찰하라.



편안해질수록 긍정적인 공명에 있을 확률이 커진다.

# 익숙한 곳에 소망이 보이게 하라

1.당신의 소망을 이미지로 구현하라. 신문이나 잡지 등에서 찾아도 좋고, 직접 그려도 좋다.

2.당신이 자주 볼 수 있는 곳에 그 이미지를 걸어 놓아라. 아주 편안한 상태에서 공명장을 구축할 수 있을 것이다.

# 놀이하듯 편안하게 강력한 공명장을 만드는 방법



소망에서 가장 중요한 것은 확신이라는 점을 기억해라. 당신이 무엇인가를 확신하면 당신의 가슴은 두뇌보다 5000배나 강력하게 에너지를 보내고 계속해서 이상적인 공명장을 만든다. 또한 당신의 DNA는 다른 DNA와 당신이 가슴 깊이 믿는 것들에 대해 의사소통을 한다.

그러나 소망이 이루어질 것을 제대로 확신하지 못하면 당신은 어떻게 될까? 당신은 스스로 아주 강하고, 아주 상세하고 구체적으로 소망한다고 생각하면서도, 스스로 소망을 제한하고 없애는 비전을 만들어내고 있는 것을 깨닫지 못할 때가 많다.

이런 이미지들을 만들어내는 것 역시 창조 과정과 다를 바가 없다. 당신은 한계를 만들어내고 마음속으로 받아들인다. 당신은 이런 달갑지 않은 일들을 삶으로 부른다. 결핍의 공명장을 구축하여 이런 것들을 삶으로 끌어들인다.

이런 의심은 대부분 "언제나 이루어질까", "아직 안 됐잖아. 내가 뭘 잘못하고 있는 걸까?" 하는 질문 속에 숨어 있다.

의심에 빠져 있거나 초조해 하는 동안 당신은 소망 없는 고민에 골몰해 있는 셈이다. 또한 더 많은 에너지를 고민에 쏟아 넣는다. 그리하여 당신은 소망을 제한한다. 당신은—만들어내자마자—금세 소망을 철회한다.

결핍에 몰두하면

결핍의 공명장이 만들어지며,

풍요에 몰두하면

풍요의 공명장이 만들어진다.

때로 소망이 이루어진다는 것을 100퍼센트, 예외 없이 확신하는 것은 쉽지 않다. 이제 당신에게 상당히 빠르게 자신의 확신 속으로 쏙 들어가게 해주는 놀라운 방법들을 소개하겠다! 우선 익숙한 것부터 시작해보자.

● 우선 종이 위에 당신의 현재 소망을 적어보라.
● 이어 그런 소망을—지금까지처럼—영상을 동원하여 상상해보라. 이런 소망이 이루어진다면 기분이 어떨까?
● 이런 영상들을 만드는 것이 얼마나 쉬운지 혹은 어려운지를 관찰해

<u>보라. 바라는 것이 아직 실현되지 않았기에 당신은 마음속의 저항을 느낄 것이고, 당신 안에 많은 의심과 초조함이 깃들어 있다는 것을 알게 될 것이다.</u>

이런 단계를 넘어서려면 당신의 비전을 온몸으로 경험하는 것이 가장 효과적이다. 내가 세미나에서 즐겨 활용하는 확신 게임은 대단한 효과를 발휘한다.

세미나에서 종종 네 명씩 짝을 지어 활동을 한다. 소망을 기록하고 이미지화하여 상상한 다음, 조원들에게 자신이 바라는 것을 돌려서 표현한다. 이를 테면 "난 멋있는 배우자를 만나고 싶어요"라고 말하지 않고 "난 멋있는 배우자가 있어요"라고 말한다. 그러고는 자신의 배우자가 얼마나 멋있는 사람인지 설명한다. 그렇게 조원들과 나누면서 에너지를 더욱 강력하게 만든다. 다른 사람들뿐 아니라 스스로에게 자신의 현재 상태를 확신시킨다.

상상만의 경험이

신체적 경험이 된다

세미나에서 소망의 에너지를 북돋우기 위해 활용하는 이런 연습을 당신은 혼자서도 실행할 수 있다.

● <u>당신의 소망을 아름답고 알록달록하게 이미지를 그려 말로 표현해</u>

보라. 상상력을 극대화하라.

● 집 안을 거닐며 가상의 친구들에게 당신의 소망이 얼마나 근사하게 이루어졌는지를 이야기하라. 그것이 얼마나 놀랍고 유쾌하고 아름다운지 표현하라.

● 더 이상 소망의 결핍이나 부재에 신경 쓰지 말라. 풍요로운 삶을 영위하는 자신을 상상하고, 자신을 풍요로움과 연결하라.

● 소망이 이루어진 것을 이야기하는 당신의 목소리가 유쾌하고 부드럽게 울리도록 주의하라. 당신의 신체는 목소리의 진동을 받아들인다. 당신은 이제 신체적으로도 소망과 하나가 되기 시작한다.

● 당신이 멋진 배우자를 원한다면 상상의 친구들에게 당신의 결혼생활이 얼마나 좋은지, 얼마나 조화롭고, 풍요롭고, 경쾌하고 밝은지를 설명하라. 당신이 얼마나 웃을 것이 많은지, 당신의 밤이 얼마나 로맨틱하고 관능적이며, 당신이 얼마나 배우자의 배려를 받으며 살고 있는지 이야기하라. 당신이 원하는 모든 것이 이루어졌다고 가정하고 삶이 얼마나 행복한지 이야기하라.

● 새로운 집의 공명장을 구축하고자 한다면 당신의 집이 얼마나 아름답게 꾸며져 있는지, 이웃들은 얼마나 친절하며, 당신이 그런 환경에 거주하는 것이 얼마나 행복한지, 발코니에서 보이는 전망이 얼마나 빼어난지 등등에 대해 상상의 친구들에게 이야기하라.

● 웃고, 기뻐하라. 행복을 과시하라.

● 고요히 앉아 소망을 다시금 이미지로 상상하라. 다시 비전의 힘으로 들어가라.

- 첫 번째와의 차이를 느껴보라. 이제 영상들을 만들어내기가 더 쉽지 않은가?
- 세부적인 것이 더 떠오르는가? 더 많은 색깔이 생겨나는가? 지각할 수 있는 냄새나 소리가 있지는 않는가? 기대되고, 흥분되지 않는가? 기대감이 강력해진 것이 눈에 띄지 않는가?
- 그렇다면 다음번에 상상의 친구들에게 이야기하라.

더 자주 더 집중하여 이런 활동을 할수록 당신이 만들어내는 공명장은 더 크고 더 강해진다. 그만큼 원하는 소망도 더 빨리 찾아온다.

게다가 이런 방법들은 재미있다. 나는 자주 집 안을 거닐면서 상상의 친구에게 내 삶에서 이루어진 소망들을 이야기한다. 그러면 소망들이 실제로 이루어지기 전에 기대감을 갖게 되고, 그 결과를 눈앞에서 보게 되며 확신은 더욱 커진다.

처음에는 당신의 이성이 그런 행동이 유치하다며 제동을 걸지도 모른다. 그러나 얼마 안 가 이성은 이런 활동을 좋아하고, 열정적으로 동참할 것이다.

창조자가 되는 것은 에너지를 가지고 노는 것이다.

놀이처럼 할수록 더 잘할 수 있다.

# 목소리로 소망의 이미지를 구현하라

1.소망의 이미지를 말로 표현하라. 당신의 신체는 목소리의 진동을 받아들인다. 밝고 부드러운 목소리로 말하라.

2.소망을 말로 표현할수록 마음속의 에너지는 더욱 충만해진다.

3.이성이 당신의 낯선 행동을 제어할 수도 있다. 하지만 이성은 곧바로 이러한 놀이에 참여할 것이다.

4.당신이 편안함을 느낄수록 강력한 공명장이 형성될 것이다.

# 음악을 이용하여 이상적인 공명장을 만들어라

|

음악은 모든 지혜와 철학보다 높은 계시이다

_루드비히 반 베토벤

|

공명에 관한 지식은 아주 오래전부터 알려졌다. 고대 이집트인, 플라톤과 피타고라스도 이미 음의 작동방식에 대해 알았다. 피타고라스는 음악의 기본은 리듬이며, 음의 진동이 사람과 동물의 건강에 특별한 영향을 끼친다고 가르쳤다. 그는 '천구의 음악'을 이야기했고, 세계와 천체 사이의 상호작용을 우리의 신체와 관련하여 논하는 조화론을 발전시켰다.

현대의 과학은 음과 진동이 인간의 영-혼-육에 끼치는 영향을 추적하고 있다.

자연과학자이자 의사인 한스 제니는 개개의 모든 세포가 고유의 주파수와 진동을 가지고 있다는 것을 증명했다.

각 세포 고유의 주파수나 진동은

음질을 통해서 변화한다.

따라서 주파수나 진동은 음에 종속되어 있다. 즉 음과 공명한다. 인간의 육체적, 정신적 시스템이 음악에 어떻게 반응하는지 상상할 수 있다. 긴장된 마음을 풀어주는 음악을 들으면 신체의 세포들은 아름답게 피어난다.

당신이 듣는 음악이 조화롭고 순수할수록
당신은 아름다움과 더 많이 공명하게 된다.

이런 우주적인 조화의 법칙은 배음열에서 연유한다. 배음들은 특정한 음의 간격을 두고 이어진다. 조화로운 진동이 있을 때마다 그 배음들도 생겨난다. 가령 옥타브는 첫 번째 배음인 동시에 가장 에너지가 많은 배음이다. 5도 음정은 두 번째 배음이다. 이런 간격은 대부분 종교 음악에 이용된다. 거기서 생겨나는 울림은 우주적인 조화를 상징한다.

현대의 과학은 배음들이 인간이 치유될 수 있는 주파수로 진동하는 것을 밝혀냈다.

인간의 몸은 악기라 할 수 있다. 당신은 주파수에 맞추어 형태나 패턴을 변화시키는 울림체를 가지고 있는 것이다.

● 유쾌한 음악이나 듣기 좋은 울림 악기를 들으면 자신과 신속하게 조화를 이룰 수 있다.

● 클랑샬레(Klangschale. 음의 진동을 이용한 자연치료법 혹은 이에 필요한 음 진동 그릇─옮긴이)는 전신과 영혼의 조화를 만드는 기구이다.

● 마음이 불편하고 심란하며, 부담스럽거나, 피곤하거나, 지쳐 있을 때 클랑샬레의 음에 몇 분간만 귀를 기울여도 금방 균형을 되찾을 수 있다.

● 클랑샬레는 오랫동안 힘들여 배우지 않아도 금방 연주할 수 있다. 악기를 손바닥 위에 올려놓고 악기가 진동하기 시작할 때까지 나무 방망이로 가장자리를 스치면 된다.

● 금방 음 하나만이 아닌, 함께 진동하는 배음들이 울려나온다. 그리고 몇 분 지나지 않아 당신의 전신은 새로 정돈된다. 이런 현상은 많은 사람들에게 기적처럼 느껴지기도 하겠지만, 이것은 당신이 거룩한 차원에서 공명하는 것과 마찬가지다.

● 소리굽쇠를 활용하여 이완에 들어갈 수도 있다. 다양한 주파수를 가진 소리굽쇠가 두개천골계의 흐름을 다시금 원활하게 할 수 있다는 것이 발견되었다. 이것은 인간의 신경계와 직접적으로 관련이 있는 흐름이다. 단순한 소리굽쇠가 놀라운 것은 그것이 무의식에 작용한다는 것이다. 당신은 그에 대해 생각할 필요가 없다. 당신은 아무것도 이해하거나 숙고할 필요가 없다. 단지 울림이 당신 전체의 공명장을 재정비하여 당신은 다시금 자신과 조화를 이루게 된다.

- 소리굽쇠의 울림을 듣는 동안 생각과 감정이 변하고, 전신은 완전히 새로운 자세를 취하게 된다. 이성을 동원하지 않아도 당신은 아주 빨리 다시금 당신 자신과 합일하게 된다.
- 신체의 모든 부조화는 해체되고 우주의 주파수와 공명할 수 있게 된다.
- 갑자기 새로운 아이디어가 떠오르거나 전에는 생각지 못했던 문제를 해결하게 된다.
- 완전한 이완 가운데 고정 관념과 상처들이 보일 것이다. 당신은 손쉽게 이것들을 해결할 수 있다.

치료하는 공명에 들어서는 것만큼 당신을 심오하게 어루만지는 것은 없다. 아마 소리굽쇠나 클랑샬레를 만들고 싶은 욕심이 생길 것이다. 한번 실행해보길 바란다. 피곤할 때나 지쳐 있을 때나 화가 나거나 마음이 심란할 때 소리굽쇠를 울리고 나서 음에 귀를 기울이고 무슨 일이 일어나는지 기다려보라.

공명장의 진동을 다시 높이는 것은 아주 간단하다.

# 우주의 주파수와 공명하는 행복의 음을 찾아라

1.음악은 인간의 신체적, 정신적 시스템에 직접적인 영향을 끼친다.

2.당신은 몸속에 고유의 클랑샬레(정신과 영혼의 조화를 만드는 기구)와 소리굽쇠를 지니고 있다.

3.진동하는 배음들과 소리굽쇠의 울림을 듣는 동안 당신은 우주의 주파수와 공명할 수 있다.

4.새로운 사고의 전환이 이루어지며 당신은 생각하지 못했던 문제들과 상처들을 해결할 수 있을 것이다.

# 자신을 인정하고 존중하라



공명장을 만드는 아주 간단하고 효과적인 또 하나의 방법이 있다. 공명장의 진동이 높을수록 당신에게서 나오는 에너지는 긍정적이다. 당신이 더 높이 진동할수록 의심, 슬픔, 절망 같은 것은 파고들 여지가 없다.

최적의 공명장을 세우는 가장 빠른 방법은 이것이다.

● <u>스스로를 칭찬하라!</u>

이것은 생각만큼 쉽지 않다. 보통 당신은 자신이 한 일을 잘 드러내지 않는다. 그렇게 배웠기 때문이다. 당신은 자화자찬은 좋지 않은 것이라고 생각한다. "어두워지기 전에 하루에 한 일을 자랑하지 말아라”, “교만은 좋지 않은 것이다”고 배웠다. 당신이 배운 교육의 근본은 겸손이었다. 우리는 모두 과한 기쁨은 자제해야 한다는 말을 듣고 자랐다.

어느 순간 당신은 이런 원칙들을 받아들이고, 스스로를 제한하기 시작했다. 이런 태도는 아주 당연하게 인식되어 당신은 다른 사람에게도 똑같은 잣대를 적용한다. 그리하여 자신의 업적에 대해 너무나 자랑스러워하고, 기쁨을 있는 그대로 표현하는 사람들을 윽박지른다. 놀랄 일이 아니다. 당신은 계속 자기 비판적인 태도를 견지하도록 배웠던 것이다. 당신이 한 일을 자랑하기라도 하면 주위 사람들에게 그렇게 잘난 척하지 말라는 둥 교만하면 못쓴다는 둥 그렇게 뻐기면 안 된다는 둥의 말들을 듣곤 했다.

그리하여 당신은 스스로를 칭찬하는 데 익숙하지 않다.

이렇듯 자기 비판적인 시선을

키우다 보니

다른 사람이 당신을 칭찬해도

그 말을 믿지 못하게 되었다.

때문에 당신은 스스로를 칭찬하지 않을 뿐 아니라, 다른 사람이 당신을 칭찬하는 말도 거부한다.

그런 사고방식과 행동방식으로 어떤 공명장을 세울 것인가? 자랑스러웠던 경험을 인생에 끌어들일 수 있으리라고 생각하는가? 그렇지 않을 것이다. 바로 지금, 자기비하적인 태도를 떨쳐버려라. 앞으로 존중받고 인정받는 삶을 살기를 원한다면 말이다.

세미나를 주재하다 보면 이런 비하적인 태도가 사람들의 마음속에 얼마나 깊게 뿌리 내렸는지 실감할 수 있다. 세미나 참가자들에게 넷씩 조를 만들어 1분간 조원들에게 자신의 특별한 점과 자신이 지닌 매력을 설명하라고 하면 언제나 비슷한 현상이 벌어진다. 처음에는 모두들 당황한 나머지 아무 말도 하지 못한다. 놀랄 일이 아니다. 우리는 자신의 나쁜 점과 결점은 아주 많이 알고 있다. 그에 대해 말해보라고 하면 오랜 시간에 걸쳐 아주 장황하게 설명할 수 있다. 며칠에 걸쳐 말할 수 있을지도 모른다. 하지만 자신의 장점을 말해보라고 하면 대부분은 머릿속으로 떠올리지 못하고 힘들어한다.

당황스러움이 어느 정도 가시고 나면 대부분은 웃기 시작한다. 이 웃음은 방어 기재이다. 답하지 않고 웃는다는 것은 그 질문을 아직 진정으로 받아들이지 않는다는 것이다.

그렇게 웃음마저 잦아들고 난 뒤에야 사람들은 어색하게 연습을 시작한다. 대개가 약간 쭈뼛거리며 입을 연다. 자신의 장점을 끄집어내어 다른 사람들에게 이야기하는 것이 그리 쉽지 않다. 하지만 잠시만 지나면 세미나실 전체에 놀라운 생동감이 넘치기 시작한다. 이제 이야기는 결코 중단되지 않는다. 분위기가 지나칠 정도로 과열된다. 실제로 나는 사람들을 진정시키느라 애를 먹기도 한다.

한참 자기 자랑을 하던 참가자는 입장이 바뀌어 이제 조원의 자기 자랑을 들어줘야 할 차례가 된다. 입장을 바꿀 때마다 분위기는 점점 열기를 띤다. 마지막에는 모두가 긴장을 풀고, 웃고, 맞장구 치고, 행복에 겨워 얼굴에 활기가 돈다.

무슨 일이 일어난 것일까? 각각 1분씩 자신의 좋은 점을 이야기한 것뿐인데……. 기쁨은 어디서 오는 것일까? 아주 간단하다. 그것은 각자의 마음속에 들어 있다. 늘 거기에 있었다. 우리가 단지 잊고 있었을 뿐이다. 심지어 스스로에게도 그것을 감추기도 했다. 우리는 종종 의식적으로 기쁨을 억눌렀다.

이런 놀라운 에너지를 분출하면 그 어느 때보다 힘이 난다. 해방된 에너지가 흘러넘친다. 자신이 진정 누구인지를 보여줄 수 있는 것은 정말이지 아주 멋진 일이기 때문이다.

존경과 인정으로 가득 찬 공명장을 만들고자 한다면 위에서 소개한 연습을 혼자서 해보면 된다.

● 메모지나 작은 수첩에 자랑스러운 모든 사항을 기록해보라.

● 기억을 되살려라. 당신이 이룬 것들은 아주 많다.

● 당신의 모든 장점을 *끄집어내라.*

● 다시 한 번 곰곰이 생각해보라. 스스로 자랑스럽다고 인정할 수 있는 것 중 빠트린 것이 있는가?

● 숨을 깊이 들이쉬고 내쉬어라. 당신의 목록을 천천히 읽어보라.

● 스스로의 기분을 느껴보라.

● 당신 속에 들어 있는 힘을 느껴라. 자부심을 느껴라. 스스로를 자랑

스러워하는 것이 얼마나 재미있는지를 느껴라. 그렇게 많은 것을 해
냈다니 놀라운 일이다.

● 내킬 때마다 자랑 목록을 보완하라. 그것을 지니고 다니며, 뭔가 새
로운 것이 떠오를 때마다 덧붙여 넣어라. 관심을 가질수록 더 많은
것이 떠오를 것이다.


살아오면서 지금까지 얼마나 이룬 것이 많은지 당신은 놀랄 것이
다. 더 많이 생각날수록 좋다. 이 모든 인식들은 당신의 현재와 미래
의 자산이기 때문이다. 당신은 오늘날에도 여전히 그 모든 것을 발휘
할 능력이 있다. 그 사실을 잊고 있었던 것뿐이다. 무의식중에 이런
에너지를 차단하고 있었던 것이다. 그렇다면 당신은 그런 에너지를
더 이상 이용할 수가 없다.

다시 이런 에너지와 연대하라. 아주 쉽다. 기억하는 순간, 당시의
놀라운 감정을 느끼는 순간, 당시의 영상들을 그리는 순간 당신은 다
시금 잠재적인 능력과 연결되는 것이다.


● 과거의 성공을 되살려라.

● 이런 잠재력은 곧장 현재로 불러들일 수 있다. 스스로를 칭찬하기
시작하면 된다. "그게 나야. 난 그 모든 것을 할 수 있어. 난 그럴 능
력이 있어."

● 큰 소리로 그런 칭찬을 반복하면 에너지는 훨씬 더 커진다. 거울 앞
에 서서 하면 가장 좋을 것이다.

또 하나, 내가 세미나에서 애용하는 방법으로 '띄워주기'가 있다.

띄워주기는 상대방이 발산하는 매력을 말해주는 것이다. 당신은 상대방에게 당신이 왜 그 사람을 좋아하는지, 어떤 점에서 호감을 느끼는지, 그 사람에게 발견한 긍정적인 것이 무엇인지 확인해준다. 서로 잘 모를지라도, 긍정적으로 느껴지는 점들을 언급하면 된다.

이런 연습 역시 아주 놀라운 효과를 불러낸다. 사람들의 얼굴은 금세 밝아지고 미소를 머금게 된다. 너무나 고마워서 서로 얼싸안는 사람들도 있다. 그들은 갑자기 가까워진다. 그리고 결국 자기 자신에게 더욱 가까워진다.

**친밀함은 강한 생동감과 기쁨을 불러일으킨다.**

이런 순간, 사람들과 가까워진 당신은 행복을 느낀다. 불과 몇 분 사이에 당신의 시각은 완전히 변했다. 낯선 사람과 가까워지는 데 불과 몇 분 걸리지 않은 것이다. 1분 사이에 당신의 공명장이 진동을 증대했다.

시각을 바깥으로 향했는데도, 당신의 공명장은 확장되었다. 어찌 된 일일까?

당신이 상대방에게서 다름 아닌 당신 자신과 공명하는 특성을 보왔기 때문이다. 당신이 다른 사람의 긍정적인 특성을 발견하려고 주의를 기울이는 순간, 당신은 자신에게서도 장점을 발견한다. 당신이 다른 사람을 칭찬할 때 당신 스스로를 진동시킨 것이다.

당신은 다른 사람에게서 당신에게 내재되어 있는 것 이외의 다른 것을 볼 수 없다. 다른 사람에게서도 당신 자신의 진동과 공명하는 것만을 볼 수 있다.

다른 사람에게서 신적인 잠재력을 깨달을 때

당신은 다름 아닌 당신 스스로를 보는 것이다.

● 자신의 진동 주파수를 끌어올리기를 원한다면 상대방의 놀라운 면에 초점을 맞춰라.

풍요로운 생각이 중요하다는 것을 늘 염두에 둬라! 생각이 풍요로우면 당신은 풍요의 공명장을 세우게 된다. 비슷한 것은 비슷한 것을 끌어당긴다. 방출되는 에너지는 비슷하게 진동하는 에너지를 탐색한다. 생각이 풍요롭다면 풍요의 장을 탐색할 것이다.

● 풍요롭고자 한다면 당신이 풍요롭다는 것을 먼저 인정하라. 그리고 생각으로 당신의 머릿속에 풍요로움을 채워라.

# 타인에게서 당신과 함께 진동하는 행복에너지를 느껴라

1.당신의 장점을 떠올려보라. 그리고 당신이 지닌 힘과 자부심을 온몸으로 느껴라.

2.다른 사람이 지닌 매력을 칭찬하라. 다른 사람의 장점을 발견하는 순간, 당신의 매력을 발견할 것이다. 타인에게서도 당신 자신의 진동과 공명하는 것을 경험할 것이다.

3. 친밀함은 강한 생동감과 기쁨을 불러일으킨다.

# '선입견의 힘'으로 이상적인 공명장을 만든다



당신은 자신의 공명장이 다른 사람에게 의식적으로 영향을 끼칠 수 있을지 자문한다. 과연 당신은 생각의 힘으로 다른 사람들의 행동까지 변화시킬 수 있을까?

얼마 전 텔레비전에서 아주 흥미로운 실험을 보았다. 주제는 '선입견의 영향력은 과연 어느 정도일까?' 하는 것이었다.

연구원들은 금발 여성들이 이 테스트에서 어떤 영향을 받는지 규명하고자 했다. 그들은 과연 머리 색깔이 다른 여성들보다 낮은 점수를 받아 '금발은 멍청하다'는 선입견을 확인시켜줄 것인가? 아니면 다른 여자들과 비슷한 점수를 받을까? 아니면 더 높은 점수를 받을 것인가?

연구 결과는 당황스러우면서도 자명했다. 금발인지 아닌지 확인을 하지 않고 테스트를 해보았더니 금발 여성들은 다른 여성들과 비슷한 점수를 얻었다. 그러나 테스트하기 전에 "당신은 금발입니까, 아닙니까?" 등의 편향적인 질문으로 머리색을 확인하게 되면 전혀 반대의 결과가 나왔다.

테스트를 시작하면서 금발에 대한 선입견에 직면해야 했던 금발 여성들은 머리 색깔이 다른 여성들보다 낮은 점수를 받았다.

미국에서 시행했던 테스트에서는 선입견의 영향이 더욱 뚜렷했다. 테스트를 시작하기 전에 실험에 참가한 시민들은 자신의 피부가 하얀지 검은지 표시를 해야 했다. 피부색을 표시하지 않은 채 테스트를 해보기도 했는데, 피부색을 표시하지 않고 테스트한 경우에 더 좋은 점수를 냈다.

선입견을 인정하려 하지 않고 부인하거나 맞서는 사람들도 있지만, 선입견을 불러일으키는 것만으로도 사람은 자기 함정에 빠지게 된다. 수십 년 동안 꾸준하게 들어왔던 말은 이 순간 작동하게 된다. 당신은 곧장 선입견과 공명하고, 종속되고 만다.

의식적으로든, 무의식적으로든 당신은 항상<br>
사람들이 당신에 대해 하는 말에 비슷한 태도를 보인다.

만약 금발 여성에게 "당신은 잘할 수 있다"고 격려를 해주면 그녀는 자신이 지닌 재능보다 능력을 더 많이 발휘할 수 있을 것이다.

- 시험에서 좋은 성적을 얻고 싶다면 스스로 자신이 얼마나 잘하는지를 상기하고 스스로를 격려하라. 무엇보다 당신을 응원해주는 사람들을 찾는 것이 중요하다.
- 친구들이나 가족들의 정신적인 지지를 얻어라.

연구 결과 누구나 알고 있는 선입견만으로도 다른 사람에게 영향을 주는 것으로 나타났다.

행동연구소에서 시행한 테스트를 보다가 나는 선입견이 어느 소년에게 미치는 영향을 주의 깊게 살펴보게 되었다. 소년에게 수학문제를 풀게 했는데, 첫 번째 실험에서 감독을 맡은 교사는 소년에게 칭찬하고 격려하며 자신감을 불어넣어주었다. 소년이 수학에 남다른 재능이 있다는 말까지 했다. 교사는 소년이 문제를 푸는 동안 호의를 가지고 지켜보았다. 테스트에서 소년은 아주 좋은 점수를 받았다. 소년의 두뇌는 전극과 연결되어 활발하게 운동했다.

두 번째 테스트에서는 다른 교사가 나타나 소년을 깎아내렸다. 심지어 '학습지진아'라는 표현까지 써가며 소년을 위축했다. 테스트를 치르기 위해 교실에 들어올 때부터 전극은 소년의 두뇌 속에서 '바리케이드'를 쳤다. 교사가 소년에게 선입견을 갖는다는 걸 안 순간부터 소년의 두뇌에서 '바리케이드'가 둘러쳐진 것이다. 소년의 두뇌활동은 갑자기 무뎌졌다. 소년은 두 번째 테스트에서 낮은 점수를 받았다.

선입견은 에너지를 방출하여 다른 사람에게 영향력을 행사하려는 목적 지향적인 강한 확신이나 다름없다.



나 또한 세미나에서 다른 사람에 대한 의견이 얼마나 강력한 힘을 발휘하는지 깨달을 때가 있다. 내가 자주 활용하는 테스트는 스포츠 역학에서 연유한 것으로, 선수 개개인의 의견이 한 선수에게 얼마나 많은 영향을 끼치는지 보여주기 위한 것이기도 하다.

나는 세미나에 참석한 한 사람을 앞으로 불러 팔을 수평이 되게 들라고 한다. 우선 나는 힘을 테스트한다. 앞으로 불려나온 사람이 팔을 들고 있으면 나는 힘을 주고 그의 팔을 아래로 내리려고 한다. 그 사람이 힘이 센지 아닌지는 내가 팔을 내릴 수 있느냐, 없느냐로 갈리게 된다.

나는 실험대상자가 나를 보지 못하게 하고 그의 뒤에 서서 참가자들에게 내 예상을 제스처로 표현한다. 내가 엄지손가락을 위로 치켜들면 참가자들은 그 사람이 힘이 셀 것으로 생각하고, 엄지손가락을 아래로 내리면 힘이 없을 것으로 생각할 것이다.

무슨 일이 일어날지 참가자들은 예상하게 된다. 그리고 실제로 무슨 일이 일어나는지 목격하고는 당황한다. 앞서 말한 대로 내가 엄지손가락을 치켜들면 참가자들은 그 사람이 힘 셀 것을 예상하고, 그런 눈빛으로 바라보면 실험대상자는 내가 아무리 힘을 줘도 팔이 아래로 꺾이지 않는다. 하지만 반대의 경우 나는 손가락 두 개만으로도 그 사람의 팔을 아래로 누를 수 있다. 모든 힘은 사라진다.



이런 인식은 고도의 능력을 발휘해야 하는 스포츠 분야에서 많이 활용된다.

프로축구 팀의 멘털 트레이너는 선수들이 서로를 바라보는 관점이 경기능력에 얼마나 강한 영향을 끼치는가를 밝혀냈다. 함께 뛰는 선수가 패스를 할 거라고 믿거나 드리블로 상대 진영을 돌파할 것이라고 예상하거나 골을 넣을 것이라고 믿으면 실제로 영향을 끼쳤다. 다른 선수들의 의견만으로도 그 선수는 신뢰와 힘, 그리고 능력을 얻게 된다.

배우자를 신뢰하거나 자녀에게 기대감을 가질 때 당신은 '긍정적인' 선입견을 효과적으로 활용할 수 있다. 그러나 앞서 말했듯이 속이는 것은 아무짝에도 소용이 없다. 공명장은 속일 수 없다. 당신이 다른 사람의 능력을 믿고 확신할 때에만 그 힘이 다른 사람에게 도달한다.

- 자녀가 가진 힘을 믿어주면 자녀는 자신의 힘을 믿게 된다.
- 당신이 배우자의 능력을 확신하면 배우자는 스스로의 잠재력을 믿으며 확신하게 된다.
- 당신이 믿지 않으면서 믿는 척만 하면 정반대의 결과를 낳게 될 것이다.

주변을 바꾸는 것은 당신의 손에 달려 있다. 당신은 생각을 통해 이미 주변에 영향을 준다.

- 당신이 누구에게 믿음을 선사하는지 생각해보라.
- 당신은 누구를 밀어주는가?
- 무시와 불신으로 누구를 저지하는가?
- 주변 사람들을 둘러보라. 주변 사람들이 성장하는 데 당신은 어떻게 도움을 주고 있는가?
- 주변 사람들은 당신의 무의식적인 기대에 부응하는가?

당신은 당신의 확신으로 생각보다 더 많이 주변을 움직이고 있다.

사랑하는 사람의 행동을 바꾸게 하고 싶다면 그 사람에 대한 당신의 생각을 바꿔라. 가족이 화목하길 바란다면 화목하게 될 거라고 믿어라. 사랑이 넘치는 에너지를 발산하라. 그렇게 하면 당신은 주변 사람들이 이전과 다르게 반응하는 모습을 보게 될 것이다. 당신이 주변 사람들에 대한 생각을 바꾸면 그들은 자신의 다른 면모를 보여줄 기회를 갖게 될 것이다.

무엇보다 그들은 당신에 대한 생각을 바꾸게 될 것이다. 비슷한 것
은 비슷한 것을 끌어당기기 때문이다. 같이 진동하는 공명장은 서로
를 보완한다. 그리고 당신 역시 주변 사람들에게서 믿음을 얻고, 에너
지를 받을 것이다.

많이 줄수록 많이 받는다.

이러한데, 선입견의 힘을 긍정적으로 활용해보지 않을 이유가 어
디 있겠는가?

# 긍정적인 선입견이 놀라운 힘을 끌어당긴다

1. 선입견은 에너지를 방출하여 다른 사람에게 영향을 끼치는 확신이다.

2. 주변 사람들을 바꾸고 싶다면 '긍정적인 선입견'을 활용하라. 당신의 기대와 믿음이 그들이 공명장을 구축하는 데 놀라운 힘이 되어줄 것이다.

3. 그들의 공명장은 당신에게도 긍정적인 영향을 끼칠 것이다. 같이 진동하는 공명장은 서로를 보완한다.

## 3부

# 공명장을 만들고 진정한 '나'를 찾아라

# 치유력은 생각의 힘에서 만들어진다



생각의 힘만으로 치유될 수 있을까? 최근 과학적 인식을 믿는다면 이런 질문에 "그렇다"고 대답할 수 있다. 단 이 문제는 약간 신중하게 접근해야 한다. 잘못된 희망을 불러일으키면 안 되기 때문이다. 많은 점들을 고려해야 한다.

생각과 감정이 자가 치유력에 미치는 영향을 집중적으로 연구하는 의학의 분과들이 생겨났고, '플라시보 효과'가 보여주듯이 놀라운 연구 성과들이 발표되었다.

건강이 더 나빠질 거라고 생각하면 실제로 몸이 아프게 되는 '노시보 효과'도 알려져 있다. 생각과 확신을 통해 신체에 해를 끼치고 병 들게 할 수 있다는 것이다.

내 강의를 듣던 한 남자에게서 들은 이야기다.

그는 상점을 운영하고 있는데 직원을 여럿 고용하고 있었다. 어느 날 여직원 하나가 유방암 진단을 받았는데, 그녀는 "난 아마 유방암 때문에 죽고 말 거예요. 일 년 후면 죽겠죠"라고 말했다. 그녀는 누구에게 무슨 말을 듣든 자신이 나을 거라는 생각을 하지 않았다. 수술은 성공적으로 이루어졌다. 하지만 그녀는 여전히 어떤 말을 들어도 자신이 죽을 거라고 확신했다. 그러고 나서 자신의 몸에 부정적인 발언을 한 지 일 년째가 되는 날, 그녀는 병원에서 죽고 말았다. 자신의 고집이 얼마나 강한 영향을 끼치는지 보여주는 인상적인 사례가 아닐 수 없다.

대체의학에서는 생각의 힘을 아주 성공적으로 활용하고 있다. 일례로 바이오피드백 의료기기로 편두통을 치료한다. 센서가 동맥의 혈액 흐름이나 근육의 긴장 등 신체 기능을 측정하여 컴퓨터 모니터에 수치를 띄운다. 환자가 긴장을 풀 때마다 모니터의 값이 변하는 것이 나타난다. 환자는 마음의 힘을 활용하여 모니터에 적절한 값을 띄우기 위해 노력한다. 의식적인 사고는 뇌파를 변화시키고, 모니터에서 그 결과를 즉각적으로 확인할 수 있다.

이런 방식으로 환자는—생각의 힘으로—자신의 신체 과정에 영향을 끼치는 것을 배운다. 마부르크 대학의 연구에 따르면 이런 방법은 약물 투여에 비견될 만큼 성공적이라고 한다.

생각의 힘은

화학약품보다 더 효과적이다.

요즘 이런 실험이 많이 이루어진다. 그러나 의학은 이러한 인식에서 비로소 걸음마단계에 이르렀다. 양자물리학의 관점에서 보자면 이러한 방법으로 모든 것이 가능하다. 심지어 불치병도 나을 수 있다.

생각의 힘이 인간의 신체와 얼마나 강하게 상호작용을 할 수 있는지 다음의 경험에서도 볼 수 있다.


안녕하세요. 여러분.

나는 암환자였어요. 전신에 암이 전이되어 아무것도 할 수 없었어요. 의사는 나한테 운이 좋으면 4개월이나 6개월 정도 살 수 있을 거라고 했어요. 항암치료와 방사선 치료를 받으면 조금 더 생명을 연장할 수 있을 거라고 했지요.

며칠을 고민한 끝에 나는 죽음을 자연스럽게 받아들이기로 결심했어요. 주변 사람들과 남편은 놀라워하더군요.

조금 더 살기 위해 항암치료 같은 건 받고 싶지 않았어요. 나는 내 몸 상태를 받아들이고, 그때까지 누렸던 삶에 감사했어요. 예전에는 그런 생각을 해본 적이 한 번도 없었어요. 그때까지 나는 안달복달하며 바쁘게 살았거든요. 그런데 삶을 순순히 받아들이고 보니 그 모든 것이 더 이상 중요하게 생각되지 않더군요.

나는 내적 치유에 관심을 가졌어요. 시골로 내려가서 마음속을 비우려고 했어요. 그리고 정말 시골로 내려가고 나서 하루하루가 소중한 선물이라 여기고 하루하루를 충만하게 살기 시작했어요. 더 이상 남편이나 다른 사람을 위해 살지 않았어요. 의사 친구 하나가 정서적으로 날 많이 도와줬어요.

그렇게 1년을 지내고 나자 암은 거짓말같이 사라졌어요. 한 점 남김없이 말이에요.

from. 코르넬리아

암을 이겨낸 이야기를 접하면 사람들은 마음속 깊이 감동한다. 동시에 생각의 힘을 결코 도외시하지 말아야겠다는 자극을 받는다.

나 또한 나 자신의 몸과 이야기를 나눌 수 있다는 것을 생생하게 경험한 적이 있다.

열일곱 살 무렵, 나는 어깨에 닿을 정도로 금발을 길게 기르고 다녔다. 머리카락은 나의 자랑거리였고, 청춘의 반항을 표현하는 상징이기도 했다. 당시는 비틀즈와 롤링스톤, 우드스톡, 지미 헨드릭스, 도어즈의 시대였다. 버즈와 마마스앤파파스, 비치보이스도 빠트릴 수 없었다. 그리고 또한 나의 시대이기도 했다. 나는 또래에서 그렇게 긴 머리를 기르고 다닐 수 있었던, 몇 안 되는 특권을 지닌 젊은이였다. 나는 부러움의 대상이자 질투의 대상이었다. 나는 밴드활동을 하며 기타를 연주했고, 히피들의 '플라워파워 운동'에 푹 빠져 있었다.

그러나 불행은 얼마 지나지 않아 시작되었다……. 머리가 빠지기 시작한 것이다! 탈모 초기 현상이 분명했다. 머리 한가운데가 휑해지

150

기 시작했다. 보기 안 좋을 뿐 아니라 전혀 히피 운동의 '선구자' 같
은 인상을 주지 못했다. 나는 경악했고, 절망했다. 사람들 몰래 뮌헨
에 있는 헤어샵 여러 군데를 찾아갔지만, 어느 곳에서도 머리가 빠지
는 원인을 발견하지 못했다. 어느 곳에서는 모발이식을 권유했다.

뮌헨에서 내가 여러 번 찾아갔던 모발관리 업체가 있었다. 그 회사
는 나에게 나이에 비해 탈모가 빠른 속도로 진행 중이라고 했다.

눈물과 절망의 밤들이 이어졌다. 내 자유의 표현이 시시하게 보이
는 것을 인정할 수 없었다. 표현하고 싶지도 않았다. 그러나 탈모는
변하지 않을 것이 분명했다.

그런데 상황이 변하기 시작했다. 당시 나는 내 형편으로는 도저히
감당할 수 없는 심리학 강의를 듣기 위해 아르바이트를 하고 있었다.
세미나 진행을 돕는 일이었는데, 일을 하면서 뤼셔, 콘라드 로렌츠,
에리히 폰 데니켄 등의 색채 심리학자들을 알게 되었다. 그 와중에 어
느 무속인을 알게 되었는데, 그는 어느 날 나더러 기쁨과 열정이 전
혀 보이지 않는다고 지적했다. 당연했다. 나는 우울해 미칠 지경이었
으니까. 끊임없이 나를 위로해주고 격려해주었던 엄마조차도 귀찮을
지경이었다.

뭐 때문에 그렇게 힘들게 살고 있느냐는 질문을 무속인에게 들었
을 때 나는 비난이 가득한 눈초리로 그를 쏘아보고 어깨까지 내려오
는 금발 한가운데 둥근 민둥산을 보여주었다.

무속인은 눈을 휘둥그레 뜨고 나를 쳐다보았다. 내 문제가 무엇인
지 여전히 알지 못하는 것 같았다.

“여기요.” 나는 눈물을 글썽이며 머리 중간의 벗겨진 부분을 가리켰다.

그는 웃더니 “왜 네 머리카락하고 이야기를 하지 않는 거야?”라고 말했다.

어쩌면 그렇게 말도 안 되는 말을 할 수 있을까? 나는 대꾸할 의욕도 없었다.

다음 날 그는 나를 보더니 다시 머리카락과 이야기해보았냐고 물었다. 나는 황당해서 지금 농담하는 것인지 아니면 진심으로 묻는 것인지 물어보았다. 무속인은 고개만 끄덕이며 “넌 아주 많은 사람들과 능숙하게 이야기를 하더구나. 근데 왜 너 자신하고는 이야기하지 않니? 어째서 너 자신보다 의사나 전문가의 말을 믿는 거야? 너 자신한테 가장 큰 영향을 끼치는 사람은 너밖에 없어. 다른 사람더러 네 몸을 책임지라고 할 수는 없잖아. 스스로 책임을 져야 돼. 네가 어떻게 마음먹느냐에 달려 있어”라고 말했다.

그날 밤 나는 나의 머리카락들과 이야기를 하기 시작했다. 처음에는 이 상황이 우습게 느껴졌다. 나는 머리카락들에게 듬성듬성해진 한가운데부터 자랐으면 좋겠다고 이야기했다. 그리고 머리가 빠진 부분이 다시 풍성해지는 모습을 상상했다. 대화와 상상을 하며 나는 차츰 용기를 얻었다.

다음 날, 무속인은 떠나기 전에 잠시 나에게 시선을 주고는 내 눈에서 확신을 감지했는지 “시작했구나? 잘했어”라고 웃으며 말했다.

나는 “네”라고 대답했다. 상황은 더 이상 우습게 여겨지지 않았다.

"좋아." 무속인이 말했다. "이제 막 여정을 시작했다고 생각해. 그 대상이 네 머리카락이라고 생각해봐. 네가 머리카락이 죽어버렸다고 생각할지 모르겠다만, 살아 있는 생명체와 여행을 시작했다고 생각해봐."

그때부터 나는 아침저녁으로 나의 머리카락들과 이야기를 했다.

그리고 일주일 후, 솜털로 덮인 동그란 곳에 작은 '머리카락' 하나가 돋아났다. 한 달 후 내 모습이 우스꽝스럽게 변해버렸다. 벗겨졌던 자리에 머리털이 돋아났는데, 어깨에 닿는 다른 머리카락보다 짧아서 마치 머리 한가운데에 면도솔을 얹어놓은 것처럼 보였던 것이다. 그리고 6개월 후, 탈모는 깡그리 사라져버렸다.

55세가 지금까지도, 나는 머리숱 때문에 걱정을 하지 않는다. 놀랄 일이 아니다. 오히려 당시 나한테 무엇보다 중요했던 사건을 잊고 살았다는 사실이 더 놀랍다. 다시 돌이켜보면 이 모든 일이 전혀 다른 관점에서 보인다. 당시 나는 무속인 덕에 고민을 해결할 수 있었다고 믿었다. 하지만 그는 나 자신의 신비한 힘이 있다는 것을 일깨워줬을 뿐, 문제를 해결한 것은 나 자신이라는 것을 알고 있다.

이름은 더 이상 기억나지 않지만, 그 무속인에게 무척 감사하다. 그때 그를 만나지 못하고, 내 안의 힘을 알지 못했다면 내 인생이 어떻게 전개되었을지 모를 일이다.


나는 몸과 의사소통하는 데 익숙해졌다.

건강하기를 원한다면 한 번 읊조리는 것에 그치지 말고, 소망에 계속해서 몰두해야 한다.

- 건강을 회복하고 싶다면 건강을 기원하는 것만이 아니라 생각의 힘으로 전신을 튼튼하게 만드는 것이 중요하다. 긍정적인 생각은 건강을 유지하는 데 큰 힘을 발휘한다.

- 긍정적인 생각으로 스스로를 격려하라. 지금까지 당신의 몸으로 스며들었던 자기 파괴적인 생각들은 해체될 것이다. 과거의 잘못된 사고 체계들은 모두 해체되고, 새롭고 놀라운 힘으로 대체될 수 있다. 당신은 신속하게 건강을 회복하고 유지할 수 있다. 몸에 계속하여 새롭고 신선하고 건강에 좋은 에너지를 공급하기 때문이다.

- 건강하면 기분이 어떨지 의식적으로 상상하라. 내면의 눈으로 뛰고, 자전거를 타고, 공놀이를 하고, 스키를 타고, 춤추고, 조깅하고, 수영하고, 달리기를 하고, 파트너와 사랑을 나누는 모습을 그려보라.

- 당신에게 기쁨이 되는 것이 무엇이든 간에 색깔을 동원하여 시각적으로 상상해보라. 이런 생각은 자가 치유력을 강화하고 촉진한다. 당신이 건강한 일들과 공명하기 때문이다.

# 공명장으로 자가 치유력을 길러라

1. 당신 자신의 몸과 의사소통을 하라. 치유력은 화학약품이 아니라 당신의 내부에 있다.

2. 긍정적으로 생각하고 말하라. 과거의 잘못된 사고체계들이 변할 것이다.

3. 온몸에 긍정적인 에너지가 발산되면 자가 치유력은 더욱 강화된다. 당신이 건강과 공명하기 때문이다.

# 소울메이트를 끌어당기는 공명의 힘

기본적인 것에 대해 의견이 일치하지 않는다면
함께 계획을 세우는 것은 무의미하다.
_공자

건강 다음으로 사람들이 원하는 것은 행복하고 만족스런 결혼생활이다. 이상적인 파트너를 만나기 위해서도 역시 적절한 공명장을 만드는 것이 중요하다.

간혹 주변에서 생활반경을 보자면 도저히 마주칠 수 없는 남녀가 만나 커플이 되는 모습을 지켜볼 수 있다. 그들은 어떻게 서로를 발견할 수 있었을까?

간단하다. 끌어당기는 힘이 결정적인 역할을 한다. 거리, 계급, 다른 문화, 기타 장애물은 아무런 역할을 하지 못한다. 두 사람이 서로 공명하면 장애물로 보이는 모든 것을 극복할 수 있다. 그들은 예감하지 못한 순간에 꿈의 파트너를 만나 놀라워한다.

두 사람이 서로를 알아볼 때

그들은 먼저 자기 자신을 알아보는 것이다.

다른 사람과 공명하게 되면 절대적인 친밀감만이 존재한다. 더 이상 말이 필요 없다. 다른 사람과 함께 공명하는 것은 삶의 경험 중 가장 놀라운 경험일 것이다. 당신은 드디어 자기 자신에게 도착했다. 사실 당신은 자신만을 느끼고, 당신 자신에게만 가까이 갈 수 있기 때문이다. 상대방은 당신 안에서 비춰진다. 당신이 사랑이라고 부르는 것은 스스로에 대한 사랑을 깨닫는 것이고, 자신과 상대를 일치시키는 것이다.

모든 연인들은 처음에 서로의 공통점을 찾는다. 공통점을 더 많이 발견할수록 서로를 더욱 가까이 느끼고, 사랑이 영원하리라고 확신한다.

우리는 상대방에게서 언제나 우리 자신을 찾는다.

당신이 파트너와 감정을 공유하면 위기가 닥치더라도 둘 사이가 갈라지지 않고, 의견이 충돌하더라도 연대감을 해치지 않는다.

파트너십이 오래 지속된다 하더라도 모든 관계에서는 위기가 찾아온다. 그러나 위기는 카타르시스와 치유를 가져다 줄 수도 있다. 이것이 위기가 지닌 의미이다. 당신은 위기를 통해 성장하고 해결되지 않은 유치한 관심사들을 벗어버리게 된다. 이때 파트너십이 힘들어지고 상당한 스트레스를 느낄 수 있다. 그러나 공명하고 있는 커플은 위기를 함께 대처한다. 세상의 그 무엇도 둘 사이의 끈끈한 연대감을 끊어놓을 수 없다.

반면 완벽하게 공명하지 못하는 커플은 함께하는 것이 힘들어진다. 절대적으로 끌어당기는 힘이 없기 때문이다. 함께 같은 길을 가기로 하더라도 나아가기가 힘들다. 둘은 서로를 끌어당기는 힘이 없다는 것을 느낀다. 끌어당기는 힘이 부족할 때 그들은 종종 서로에게 사랑이 부족하다고 생각한다. 그러나 사실 부족한 것은 함께 진동하는 에너지, 즉 '성격의 반향'이다.

그렇다면 당신이 영혼의 파트너에게 금방 끌리지 않는 이유는 무엇일까?

대답은 당신 안에 있다. 당신의 공명장은 영혼의 파트너에게 향해 있지 않을 때가 있다. 때로 당신은 끌어당김의 포인트를 다르게 설정한다. 때에 따라 성적 만족이 중요한 문제일 수도 있고, 재정적인 문제를 우선적으로 처리해야 할 수도 있고, 외로움에서 벗어나고 싶을 수도 있고, 함께 여행을 갈 사람이 필요할 수도 있다. 이런 목록은 얼마든지 추가될 수 있다. 당신 스스로가 아직 절대적인 친밀함을 느끼고 싶은 상태가 아닐 수도 있다. 아직 그렇게 깊고 단단한 사랑을 할 준비가 되어 있지 않았는지도 모른다. 그런 사랑을 하는 게 두려운지도 모른다. 사랑이 깨질 경우 깊이 추락할 것을 벌써부터 걱정하고 있는지도 모른다.

너무 자신을 탓하지 말라. 인간은 파트너십을 통해 배운다. 몇 번의 사랑을 거치면서 더 커다란 사랑으로 나아간다. 언젠가 영혼의 파트너를 삶에 초대할 수 있을 때까지 말이다.

# 사랑은 진정한 소통, 즉 '공명'을 의미한다

1. 당신의 공명장에 집중하라. 비슷한 것은 비슷한 것을 끌어당긴다. 당신이 끌어당기고, 이끌리는 대상은 이미 존재한다.

2. 당신이 사랑이라 부르는 것은 스스로에 대한 사랑을 깨닫는 것이고, 자신과 상대를 일치시키는 것이다. 즉 상대방과 공명하는 것이다.

3. 당신의 공명장이 상대에게 진동을 보내고 있다고 확신할 수 있는가? 이해관계에 치중되어 있는 것은 아닌지, 파트너십에 대해 두려워하고 있는 것은 아닌지 곰곰이 생각해보라.

# 이상적인 파트너를 찾기 위한 공명장 만들기



사랑을 가지고 있지 않고서는 사랑을 선물할 수 없다
사랑을 가지려면 사랑을 선물 받아야 한다.
_어거스틴



공명 가운데 있다는 것은 다름 아닌 서로 같은 음을 내는 것, 즉 서로 같은 파장으로 진동하는 것이다. 공명의 법칙은 두 사람 사이에 일어나는 것이 무엇이든 서로 느낀다는 것을 전제로 한다.

**공명은 결코 일방적이지 않다.**

당신이 에너지를 방출하면 그 에너지는 어쩔 수 없이 비슷하게 진동하는 에너지와 만난다. 다른 사람과 공명할 때마다 당신은 경쾌하고 활기찬 기분에 젖어들고, 말할 수 없는 행복을 느끼기도 한다.
그러나 강한 인력이 작용한다고 해서 영혼의 파트너를 찾았다고 할 수는 없다. 그 현상은 단지 아주 강한 유사성이 존재한다는 것을 의미하는 것이다. 서로 똑같이 생각하거나 느낀다는 것을 의미하며,

비슷한 상처나 경험을 소유하고 있다는 것을 의미한다.

공명을 하게 되면 당신은 놀라울 정도로 누군가에게 끌리는 것을 느낄 수 있다. 끌리는 힘은 아주 강력해서 당신이 더 이상 감정을 좌지우지 못하게 되기도 한다. 벗어나지 못할 정도로 당신은 감정에 압도당한다. 끌어당기는 힘은 강력해서 당신은 울음을 쏟아낼 수도 있고, 다른 사람을 생각만 해도 성적으로 흥분할 수 있다. 당신은 오직 그 사람만 떠올리게 된다.

그러고 나서 몇 주 후 당신은 갑자기 아무것도 느끼지 못한다. 끌어당기는 힘은 흔적도 없이 사라져버린다. 당신을 사로잡았던 마법은 갑자기 사라지고 당신은 서서히 깨어난다. 그러고 나면 당신은 며칠 전까지만 해도 너무나 다른 감정에 젖어 있었던 자신을 이해할 수 없게 된다. 심지어 자신을 의심하거나 자책하기도 한다.

사실은 당신의 공명장이 변한 것이다. 또는 상대의 공명장이 변해서 당신이 더 이상 진동하지 않은 것이다.


다른 것에 집중하게 되면서 당신은 변한다. 기존의 공명장은 해체되고, 당신은 상대방에게 아무것도 느끼지 못한다. 상대방이 당신과 비슷한 변화를 겪고 당신과 함께 같은 것에 집중하지 않는 이상.

서로의 공명장이 얄팍한 생각과 소망에 머물고, 더 깊고 지속적인 공통점과 확신으로 다가가지 못한다면 파트너십은 오래 가지 못한다. 진정한 파트너를 찾으려면 적절한 공명장을 만들어내어 당신과 진정 깊은 사랑의 관계를 이룰 수 있는 파트너를 끄는 것이 중요하다.

당신은 공명장을 통해 나머지 세계와 이미 오랫동안 소통하고 있었다는 사실을 인식하라.



비언어적인 차원에서는 비밀이 없다. 모든 차원에서 은밀한 교환이 이루어진다. 당신의 공명장은 의식적으로도, 무의식적으로도 의사소통을 한다. 바람직한 일이다. 이런 방식으로 이상적인 파트너를 끌어당길 수 있기 때문이다.

이상적인 파트너는 틀림없이 당신의 인격과 가장 닮은 사람일 것이다. 같은 목표, 같은 소망을 가지고 있기 때문이다. 당신은 결코 다른 파트너를 원하지 않는다. 당신 인격 구조가 파트너를 결정한다. 당신은 긍정적으로든 부정적으로든 많은 관점에서 당신과 가장 많이 닮은 파트너를 찾게 된다.

예를 들면 지금까지 육체적인 것만 추구하고, 친밀한 관계를 중요하게 생각하지 않고 살아왔다면 당신은 그런 인식에 맞는 사람을 끌어당길 것이다. 물론 당신은 상대방과 최대한 친밀해질 수 있도록 노력할 것이다. 이러한 관계를 통해 얻게 되는 것은 깊이와 신뢰 없는, 일시적인 불장난에 지나지 않을 것이다. 당신이 바라는 것에서 더 이상 '협의될' 것이 없기 때문이다. 그러면서도 당신은 너무 친밀함을 강조하는 것은 서로에게 상처가 될 뿐이라는 것을 마음속에 각인할 것이다.

이런 경우 파트너가 더 많은 것을 원하면 당신은 압박감을 느낀다. 과거의 상처들이 떠오르고 당신은 마음속으로 친밀함을 제어한다. 갈등에 휩싸인 채 당신은 '모르겠다' 하고 파트너에게서 도망쳐버리거나 혹은 스스로의 그림자를 딛고 일어서 더 많은 친밀함을 받아들일 것이다. 당신은 마음속의 결핍과 맞닥뜨리게 된다. 다툼, 미움, 공격이 생겨난다. 그러한 감정들은 친밀함에 대한 공포이기도 하다. 당신의 공명장은 그렇듯 당신이 무엇이 부족한지를 암시해주는 사람을 찾는다. 늘 그렇다. 그런 관계는 상당히 아플 수 있다.


이런 악순환에서 어떻게 벗어날까? 당신을 '구원해줄' 파트너를 찾는 것으로 해결될 문제가 아니다. 원래 당신은 다른 사람이었다는 듯 행동하는 것도 해결책이 될 수 없다. 그런 방법은 기껏해야 파트너십의 초기 단계에서나 가능한 일이다. 원래의 모습과 다르게 행동하면 머지않아 한계에 도달하게 되고, 당신의 실제 모습이 드러나게 된다.

파트너도 마찬가지다. 그 역시 처음에는 좋은 모습만 보여주지만, 쇼는 오래 가지 못한다. 그리하여 갑자기 실망한 두 사람이 마주 서게 된다. 그들은 피하고자 했던 상황에 직면하게 되는 것이다.

당신의 모든 부분에 부합하는 사람만이

당신에게 이끌리게 된다.

그 사람은 당신이 정확히 당신에게 보낸 것을 돌려보낸다.


당신은 당신이 왜 여전히 비슷한 사람에게 끌리는지, 왜 계속 비슷한 사람에게 빠지는지, 왜 계속 비슷한 경험을 해야 하는지 이해하게 되었다. 공명장을 변화시켜야만 다른 파트너를 끌어들일 수 있다.

당신이 현재 어떤 공명장을 만들어내고 있는지를 정확히 파악하는 것이 가장 좋다. 당신이 쉽게 알아낼 수 있을 것이다. 단 스스로에게 솔직해야 한다. 당신은 당신의 공명장을 속일 수 없다.

● 현재 당신의 주변에 어떤 사람들이 있는지를 점검하라. 그럼 당신이 어떤 에너지를 뿜어내고 있는지를 알 것이다.

● 당신의 파트너십은 어떠한가? 아주 편안하고 즐거운가, 아니면 부담스럽고 힘든가? 파트너십 덕에 인생이 더욱 풍요로워질 것 같은가, 아니면 파트너십 때문에 포기해야 할 것들이 많은가?

● 정말로 오픈마인드의 자세를 취하고 있는가, 아니면 뭔가 숨기고 있는 것이 있는가?

● 더 이상 경험하고 싶지 않은 것이 있는가? 당신은 바로 그런 상황을 끌어당기고 있다. 심리적으로 아직 그 상황에서 벗어나지 못했기 때문이다.

- 파트너와 함께 있는 것을 쉽게 상상할 수 있는가? 아니면 불편한 영상들이 떠오르는가? 이런 불편한 생각들과 영상들은 당신이 강력하게 방출하고 있는 에너지이다. 그것들이 당신의 확신이기 때문이다. 가슴의 확신은 두뇌의 생각보다 5천 배나 강하게 방출된다는 것을 기억하라.

- 파트너십에서 상대에게 무엇을 도와주고 싶은가? 이전의 파트너십에서도 비슷한 도움을 준 적이 있는가? 그렇지 않다면 당신은 도움 주는 것을 꿈꾸고 있지만, 도움을 주지 못하고 살았을 것이다. 당신은 부족한 부분만을 전송하게 된다.

- 무엇이 당신이라는 사람을 이루는지 생각해보라. 당신의 강점과 약점을 고찰하라. 당신의 약점과 화해하라. 미래의 파트너도 당신과 똑같이 할 것이다. 이것은 당신이 자신의 약점을 의식한다는 의미이기도 하다.

- 당신만의 성격을 삶 속으로 끌어올 수 있다. 자신의 성격을 인정하면 당신은 곧 믿을 만한 사람이 되어 당신에게 맞는 파트너를 삶으로 끌어들이게 될 것이다. 파트너 또한 당신처럼 신뢰할 수 있는 사람일 것이다.

- 정말로 파트너십을 맺고 싶은가? 아니면 당신은 자신이 정말 무엇을 원하는지 알지 못한 채 남이 하는 대로 따라 할 작정인가?

당신은 마음속에 그늘진 부분을 아주 정직하게 바라봐야 한다. 당신의 의식적인 소망뿐 아니라 당신의 무의식적인 소망도 공명장을 만들기 때문이다.

　당신은 스스로의 그늘진 마음속을 상당히 빠르게 알아낼 수 있다. 다음 문장들을 오래 생각하지 말고 단숨에 완성해보라. 가장 먼저 떠오르는 생각이 언제나 확실하고 솔직한 생각이다.

● "나는 ○○○을 두려워한다."
● "나는 결코 다시 ○○○ 같은 일은 경험하고 싶지 않다."
● "내가 파트너십에서 안 좋게 생각하는 것은 ○○○이다."
● "내가 여자들/남자들을 좋아하지 않는 이유는 ○○○이다."

　두려움은 곧 무의식적인 소망이라 할 수 있다. 당신이 알고 있듯이 두려움은 강력한 힘을 지속적으로 당신에게 행사한다. 감정의 집합체에는 당신이 결코 경험하고 싶지 않은 모든 것들이 각인되어 있다. 파트너십에 대한 확신과 이성에 대한 의견들도 마찬가지다. 이 모든 것은 당신이 방출하는 에너지를 이룬다.

　이런 부정적인 매듭에서 벗어나는 것은 생각보다 쉽다. 그런 현상을 이해하기에 앞서 그늘진 마음속을 자세하게 들여다보자.

당신이 스스로에게 제공할 수 없는 특성들이

당신의 그늘진 마음속을 이룬다.

당신은 깊은 신뢰감을 주고받는 것을 간절히 바라면서도 파트너를 믿지 않고 있을지도 모른다.

그렇게 되면 당신의 파트너십에는 신뢰가 아니라 불신이 들어 있게 된다. 또한 당신의 에너지 장에 불신이 있기 때문에 믿음이 부재된 관계를 확인하게 될 파트너를 끌어당긴다. 이런 결점이 치유될 때까지는 말이다.

당신의 그늘진 마음속은 파트너십의 기초를 결정한다. 때문에 당신이 파트너십에서 경험하고 싶은 모든 것, 즉 당신의 소망 목록은 그리 중요하지 않다. 더 본질적인 것은 다음 질문이다.

당신은 파트너와 관계를 구축할 때 무엇을 준비하겠는가?
당신은 무엇을 줄 수 있는가?

미래의 파트너가 항상 당신에게 정직하기를 바란다면 당신의 소망 목록에는 '절대 정직'이라는 항목이 있을 것이다. '절대 정직'은 당신이 기대하는 것이다. 속임수, 거짓말, 배신, 유보, 비밀은 절대로 통하지 않는 관계를 원하는 것이다. 당신이 그러한 관계를 원한다면 당신 또한 파트너에게 그런 모습을 보일 수 있어야 한다.

다음 질문을 던져보라. 나는 정말로 관계에 무엇을 솔직하게 보여줄 수 있을까? 속이지도 않고, 침묵으로 일관하지도 않고, 부정을 저지르지도 않고, 거짓말도 하지 않고, 비밀도 없는 것? 그것이 당신에게 부합하는가?

당신의 요구는 자기 자신에 대한 요구이다. 그렇지 않으면 아마도 너무 많이 바라는 것이며, 스스로는 그런 요구를 채울 수 없을 것이다. '절대 정조'와 '완전한 정직'을 원한다면 당신 또한 파트너에게 그런 모습을 보여줄 수 있어야 한다. 또한 당신 내부에서 그 태도가 자리를 잡아야 한다.

당신에게 결여된 감정이나 태도를<br>
공명장으로 만들 수는 없다.

그리하여 원치 않는 다른 특성이 당신 안에서 강하게 진동을 하게 된다. 파트너를 선택하는 데 이런 진동은 당신의 진실한 모습이기도 하다. 이것은 강하게 송신되기도 하다. 때문에 당신은 언제나 당신과 비슷한 파트너를 얻게 되는 것이다. 당신의 파트너는 거울에 비친 당신의 모습과 일치한다. 당신의 무의식적인 확신과 능력 혹은 무능력이 그런 공명장을 만들어내기 때문이다.

당신은 항상 당신 자신을 파트너로 삼는다.

당신은 실제의 당신을 데리고 갈 준비가 된 것이다.

당신은 벌써 순환의 원리를 눈치 챘을지도 모른다. 우리에겐 파트너십에서 우리의 소망을 충족받기 위해 갖추어야 할 대부분의 능력이 부족하다. 그러나 한편으로 이런 부족한 능력들을 연마할 수 있기 위해서는 파트너십이 필요하다. 파트너십을 통해서만 성실, 정직, 배려, 친밀함, 신뢰, 인내 등을 배우고 구축할 수 있기 때문이다.

상당히 모순적이다. 당신은 많은 것들이 부족하기에 파트너십을 이루지 못했다. 하지만 부족한 것을 메우기 위해서는 파트너십이 필요하다.


이런 순환에서 어떻게 나올 수 있을까?

아주 쉽다. 가장 간단한 방법이 가장 효과적이다.


● 당신의 소망을 기록해보라. 가릴 것 없이 모든 소망을 써보라! 소망의 목록은 끝없이 길어질 수 있다. 세세한 것까지 목록에 포함해라. 모든 바람들, 모든 소망들, 모든 은밀한 상상들까지도.

● 커다란 차이는 여기에 있다. 당신은 미래의 파트너가 이런 것들을 가져다줄 거라고 바라지 않고 있다. 이것은 미래의 파트너가 갖추어야 할 목록이 아니고, 바로 당신 스스로가 갖추어 나가야 할 목록이다. 이것은 당신의 잠재력이며, 파트너십에서 공동의 목표다.

● 당신은 정확히 당신과 같은 파트너를 원한다. 유쾌한 성격, 무능력까지도 닮은 사람을 말이다. 그러나 그 파트너 역시 이 모든 소망을 바라고 있어야 한다.


이런 방식으로 당신과 파트너는 동등해진다. 파트너는 당신과 같은 소망을 가지고 그 소망을 위해 노력하고자 할 것이다. 그러나 파트너는 당신이 자신을 구원해주거나 부족한 부분들을 메워줄 거라고 기대하지 않을 것이다. 마찬가지로 당신 역시 파트너에게 그런 걸 기대하지 않는다. 당신은 더 이상 스스로 모든 것을 할 수 있는 것처럼 위장할 필요가 없다. 공연한 중압감과 기대행동은 물러간다. 당신은 있는 그대로의 당신이 될 수 있다. 당신은 겉과 속이 같다.

그리고 어느 순간 당신은 파트너와 완전히 공명하게 된다. 당신은 똑같이 진동하고, 똑같은 목표를 지니고 있다. 더 이상 스스로를 감출 필요가 없다. 당신은 파트너와의 관계가 완벽하지 않지만 함께 길을 갈 정도는 된다는 것을 알고 있다. 두 사람은 계속 성숙하고 성장해 나갈 것이다. 둘은 무엇이 중요하고, 무엇을 노력해야 하는지 알고 있다. 항상 완벽할 수는 없다. 자연스러운 생각이다. 당신은 완벽한 파트너를 기대하지도 않는다. 앞으로 파트너와의 관계는 더 깊은 의미와 공동의 과제를 향유한다.


놀라운 파트너—당신을 잘 알고, 당신을 이해하고, 당신과 친밀한 관계가 되어 결점도 보완해주는—를 당신의 삶에 끌어들이는 가장 빠른 방법은 다음과 같다.

당신은 당신을 성장시켜줄

파트너를 원한다.

당신도 파트너의 성장에

당신은 스스로가 완벽하지 않으며, 특출하거나 이상적인 인간일 필요가 없다는 것을 깨달을 때 비로소 자신과 가까워질 수 있다. 그리고 그럴 때에야 비로소 파트너 역시 당신과 가까워질 수 있다. 그러기 전까지 당신은 파트너를 가까이 불러들일 수 없다. 그가 당신의 비밀들을 들추어내고 진실을 알아버릴까봐 걱정이 되어 자꾸 거리를 유지하게 된다.

당신이 스스로를 인정하고 가까워질 때에야 파트너 또한 있는 그대로의 모습을 보여도 괜찮다고 생각한다. 그리고 당신 역시 파트너에게 가까워질 수 있다. 숨바꼭질은 끝이 난다.

당신은 드디어 손에 손을 잡고 함께 앞으로 나아갈 수 있다. 더 이상 파트너십 안에서 쓸데없는 힘을 소모하지 않아도 된다. 삶은 편안해지고 당신은 파트너와 함께 성장하며 영혼마저 함께 나눌 사이로 자란다.

# '완벽한' 공명장이 아닌,
# '진실한' 공명장으로 파트너를 찾아라

1.당신은 당신의 부족한 부분을 채워줄 파트너를 찾지만, 관계를 맺는다 하더라도 지속되지 못한다. 언젠가 당신의 실제 공명장이 드러날 수밖에 없기 때문이다.

2.해결책은 당신의 공명장을 변화하는 것이다. 대인관계에서 당신이 이루고 싶은 소망을 적어보라. 이 소망은 미래의 파트너에게 바라는 것이 아니라 당신 스스로가 갖추어 나가야 할 목록이다. 당신과 파트너, 공동의 목표이기도 하다.

3.당신이 부족하다는 것을 두려워하지 말라. 스스로를 인정해야 파트너를 받아들일 수 있다. 파트너십은 서로가 함께 성장해나가는 관계라는 것을 잊지 말라.

4.서로의 공명장을 만들어라. 완벽한 공명장이 아닌 진실한 공명장이 가장 이상적인 파트너십을 만들 것이다.

# '나'의 진정한 감정과 공명하기



당신 자신의 세계에 속한 것만이 당신의 삶에서 일어날 수 있다. 다른 것들은 당신에게 지각되지 않는다. 다른 것은 끌어당기거나 이끌릴 수 없다. 스스로와 공명을 빨리 하면 할수록 당신의 세계는 기적이라 불릴 만큼 획기적으로 변하게 될 것이다.

당신은 자신의 본성, 감정, 바람과 공명하지 않으면 종종 대리만족에 흡수되어 버린다. 당신이 소망을 의식하지 않거나 인정하지 않으면 당신은 쉽게 만족에 빠질 수 있다. 행복에 대한 소망은 다른 사람들의 노리갯감이 될 수 있다. 사람들의 소망을 이용하여 돈을 버는 거대 기업들이 있다. 매력적인 백화점이나 쇼핑센터는 당신의 진정한 소망을 다른 곳으로 유도하고, 유혹에 굴복하면 쉽게 행복해질 수 있다고 속삭인다. 이런 '행복'에 속아서 당신은 행복을 찾아 '소비의 여행'을 계속한다.

그러나 당신이 당신의 진정한 감정과 공명하게 되면 무엇이 삶을 풍요롭게 하고, 기쁘게 하는 것인지 명확하게 알게 된다. 당신은 더 이상 속임수에 걸려들지 않고, 상술에 빠져들지도 않는다. 당신의 의식은 쓸데없는 정보들을 자각에서부터 완전히 걸러버린다. 당신은 예나 지금이나 이 모든 것이 주변에 있다는 것을 알고 있다. 그러나 당신은 더 이상 이런 것들에 끌리지 않는다.

그렇다면 어떻게 당신 자신과 공명할 수 있을까?
다음 물음을 읽고 당신의 생각을 점검해보라.

● 행복해지려면 무엇이 필요한가?

● 좋다. 정말로 행복해지려면 무엇이 필요한가?

● 도저히 포기할 수 없는 것이 있는가? 무엇인가? 정말 그것 없이는 살 수 없는가?

● 자기 자신의 어떤 점이 좋은가?

● 자기 자신의 비밀 중 다른 사람에게 결코 알려주고 싶지 않은 것은 무엇인가?

● 자기 자신에게까지도 숨기고 있는 것은 무엇인가?

● 당신은 무엇을 부끄러워하는가?

● 자신의 어떤 점이 싫은가?

이런 질문들에 답을 하다 보면 당신은 진정한 소망과 두려움이 무엇인지 알게 될 것이다. 답변을 거부한다면 당신은 스스로에게 더 멀어지고 말 것이다. 질문을 받아들이고 자신을 인정할수록 당신은 행동과 마음에 거리감을 느끼지 않고, 편안해질 것이다.

당신의 모든 것을 인정하고, 스스로의 편이 돼라.

우리 모두는 약점을 가지고 있다. 그러나 그것을 누가 약점이라 말하는가? 바로 그곳에서 빛이 발견될 수도 있다. 바로 그 뒤에 당신의 창조성과 구원과 생존 방식이 숨어 있는지도 모른다.

당신은 놀라운 사람. 당신은 세상에 단 하나뿐인 사람.

그렇다. 당신은 인생 여행길에 거추장스런 짐을 안고 있다. 당신의 거추장스런 짐을 받아들이고, 자신을 사랑하라. 헤매고 방황한 자신을 사랑하라. 그것이 당신이다. 방황하는 시간이 당신을 놀라운 인간으로 만든다. 당신이 완벽했다면 당신은 이미 조명을 받았을 것이고 오래전부터 이곳에 있지 않았을 것이다. 솔직히 완벽한 인간을 좋아하는 사람은 별로 없다. 완벽한 사람은 다른 사람에게 열등감만을 줄 뿐이다.

당신이 당신의 약점을 인정할수록, 약점을 받아들이고 편안하게 생각할수록 행복은 더 충만하게 밀려올 것이다.

있는 그대로의 당신 편이 될 수 있다면
당신은 당신에게 도착한 것이다.


불완전한 사람들의 클럽에 온 걸 환영한다! 당신이 더 이상 위장하거나 방어하지 않으면 모든 거짓싸움은 끝난다. 당신은 모든 사람을 있는 그대로 인정할 수 있다. 자기 자신이 돼라. 자기 자신 외에 더 커다란 선물은 없다. 당신 존재의 모든 면을 인정하라.

# 불완전한 자신을 받아들이는 일이
# 공명의 제1법칙이다!

1. 당신이 생각하는 행복의 조건은? 삶에서 도저히 포기할 수 없는 것은? 자신의 장점은 무엇인가? 감추고 싶은 단점은? 비밀은? 당신 자신에 대한 질문 목록을 만들어라.

2. 질문을 거부하면 스스로에게서 더욱 멀어질 뿐이다. 있는 그대로의 자신을 받아들여라. 단점과 약점을 인정하고 마음의 평온을 느껴라. 공명의 시작은 바로 '인정'과 '평온'이다.

4부

당신의
삶에
**공명의 해답이**
있다

# 긍정적인 사고가 세계를 바꾼다

우리가 할 수 있는 모든 것을 한다면
우리 스스로도 깜짝 놀랄 것이다.
_토마스 A. 에디슨

당신은 자신의 진동으로 다른 사람의 공명장을 개선할 수 있다는 사실을 알았을 것이다. 그렇다면 한 걸음 더 나아가 하나가 아닌 여러 명에게도 영향을 줄 수 있을까? 과연 내적인 확신으로 개개인뿐 아니라 집단에게도 영향을 줄 수 있을까?

나는 그 질문에 망설임 없이 "네!"라고 대답할 수 있다.

당신의 생각이 얼마나 힘이 센지, 주변 세계를 변화시키기 위해 얼마나 적은 사람이 필요한지는 그동안 충분히 이야기했다. 여기서는 상당한 주목을 끌었던 두 가지 실험을 소개하고자 한다.

1972년에 요가 수행자 마하리시 마헤시의 지도하에 북아메리카의 24개의 도시에서 만 명이 넘는 시민들이 흥미로운 연구에 참여했다. 마하리시는 각각의 도시에서 단 1퍼센트의 거주자들만이라도 '초월 명상'이라는 명상법을 습득한다면 폭력과 범죄가 눈에 띄게 줄어들 것이라고 이야기했다. 이 명상법은 내적으로 평화를 경험하는 것에 의미가 있다. 마하리시는 명상 참가자들이 만들어낼 내적 평화가 반드시 주변에 영향을 끼칠 것이라고 가정했다.

실험 결과는 매우 인상적이었다. 각 도시마다 1퍼센트의 거주자들만이 연구에 참여했는데도 도시는 눈에 띄게 변화를 보였다. 명상이 계속되는 동안 범죄 사고는 뚜렷이 감소되었다. 강도, 도난, 폭력, 심지어는 교통사고까지 줄어들었다. 응급실조차 한가했다.

몇몇 도시에서만 그런 현상이 나타난 것이 아니었다. 놀랍게도 24개의 모든 도시에서 비슷한 결과가 나타났다. 일시적인 현상에 그친 것이 아니었다. 과학적으로도, 사회학적으로도 설명할 수 없었다. 그 뒤로부터 이런 현상을 '마하리시 효과'라고 부른다.


몇 년 후 '중동 국제 평화 프로젝트(International Peace Project on the Middle East)'는 비슷한 프로젝트를 실행했다. 그리고 놀랄 만한 결과가 1988년 〈갈등조정 저널(Journal of Conflict Resolution)〉지에 공개되었다.

이 실험에서도 역시 초월 명상법을 훈련받은 사람들이 명상을 하고 내적인 평화를 조성했다. 그러나 이번에는 상황이 매우 힘들었다. 1980년대 초 레바논과 이스라엘의 전쟁은 절정에 달해 있었고, 세계는 끔찍한 사태에 경악하고 있었다. 실험은 바로 이런 전쟁지역에서 실행됐다. 실험 참가자들은 정해진 날 정해진 시간에 전쟁지역으로 파견되었다. 그리고 놀라운 일이 벌어졌다.

참가자들이 명상에 잠겨 내적인 평화를 조성하는 동안 범죄와 테러는 줄어들었다. 심지어 교통사고의 수도 감소되었고, 응급실 업무도 눈에 띄게 줄었다.

그러나 실험참가자들이 명상을 종료했을 때 모든 것이 다시 원래대로 돌아갔다.

주최 측은 실험의 결과에 영향을 끼칠 수 있는 모든 사항 등을 면밀히 살펴보았다. 휴일, 평일, 심지어 달 주기까지 관찰했다. 실험은 사고가 벌어지고 전투가 증가하는 날에 행해졌다. 놀랍게도 실험하는 시간에 전투나 테러가 줄어들었다. 결과는 두말할 나위 없이 명백했다. 참가했던 학자들은 명상에서 조성되는 내적 평화가 외부에 영향을 주기 위해서는 인구의 몇 퍼센트가 명상을 하는 사람들이어야 하는지 명확하게 예측할 수 있었다.

더욱 놀라운 사실은 예상했던 것보다 적은 수가 명상을 해도 효과를 볼 수 있다는 것이었다. 인구의 1퍼센트보다 훨씬 못 미치는, 0.0001퍼센트의 명상하는 사람들만 있어도 영향을 줄 수 있는 것으로 나타났다. 간단하게 말하자면 백만 명 중 100명만 명상을 하면 된다는 것이다.

● 100명이 백만 명이 사는 도시에 영향을 줄 수 있다.

● 세계 인구가 약 60억 명이라고 따지면 단 6천 명만 있으면 된다는 이야기다.

아주 적은 사람들이라도 내면을 평화롭게 한다면 주변은 평화로울 수 있다.

양자 물리학과 생물에너지학의 관점에서는 충분히 납득할 수 있는 가설이다. 앞서 말한 실험의 결과는 두 과학분야에서 오래전부터 가정했던 연구들의 결과이기도 하다. 즉 한 그룹이 공동의 확신을 받아들이고, 그 확신을 다시 외부로 방출할 때 그룹 구성원들의 내적인 확신의 힘도 더욱 강해진다는 것이다.

### 당신의 확신이 세계를 변화시킬 수 있다.

당신의 확신은 끊임없이 세계를 변화시킨다. 바로 이 순간에도 말이다. 그러나 당신은 무엇을 확신하는가? 아직도 많은 사람들은 당신이, 복잡하고 문제가 뒤엉킨 이 세계에서 아무것도 할 수 없다고 믿고 있지 않는가? "당신 한 사람이 뭘 어떻게 할 수 있겠어?"

물론 당신은 그렇게 생각할 수 있다. 당연한 생각처럼 들리기까지 하다. 그러나 당신은 이런 말 역시 확신이라는 것을 알아야 한다. 확신은 세계를 만드는 힘이 있다.

당신이 이런 평범한 의견을 받아들이고 세계의 모든 문제들을 더 이상 어찌할 수 없다면—인류는 급속도로 멸망으로 치달으며 폭력은 점점 더 증가할 것이라고 생각한다면—당신은 자신의 확신으로 이런 공명장에 가담하고 있는 것이다. 끔찍한 세계와 부정적인 미래를 함께 일구어 나가고 있는 것이다.

- 다른 사람의 의견을 받아들인다고 그 의견이 섣불리 당신에게도 적용될 것이라 예단하지 말라. 다른 사람의 의견은 당신을 통해서 확산된다. 당신 자신의 머리로 생각하라.
- 이 세상에서 뭔가를 할 수 있다고 확신한다면 당신처럼 확신하는 사람들을 점점 더 많이 만나게 될 것이다.
- 인구 백 만 명의 행동을 변화하려면 단 100명이면 충분하다는 점을 늘 염두에 둬라.

같은 생각을 하는 사람들이 일정한 시간에 함께 소망하거나 긍정적인 생각을 할 때 그 힘이 얼마나 강력한지 나의 홈페이지에서 찾아볼 수 있다. 모든 회원들이 한 카페에 모여 함께 소망을 비는 '소망데이'를 하자고 어느 회원이 의견을 냈다. 모두가 동시에 소망을 생각하고, 긍정적인 에너지를 발산하는 시간을 갖자는 것이었다. 그리하여 매주 금요일 저녁에 모든 회원이 모여 정신적인 연대를 이루고 소망의 힘을 작동하고 느낌과 경험을 나누게 되었다. 피드백은 아주 감동적이고 놀랍고 멋지다. 모두가 행복하고 내적으로 충만하며, 이런 놀라운 힘을 신체적으로도 느꼈다고 이야기한다. 공동의 의식은 생각보다 빠르게 생겨난다.

그렇다! 당신은 중요하다!

당신은 이 세상에서 뭔가를 할 수 있다!

그것이 정확히 무엇인지는 알 수 있는 사람은 오직 당신뿐이다.

# 과거의 '잘못된' 상처를 걷어내면 새로운 '긍정'이 보인다



소망이 실현되지 않는 이유는 대개가 첫 번째 소망보다 더 강한, 무의식적인 두 번째 소망이 있기 때문이다. 두 번째 소망은 계속해서 강한 기운을 내뿜으며 첫 번째 소망을 거스른다. 이런 소망은 대부분 당신 자신에게서 비롯된 것이 아니다.

이런 확신은 부모 혹은 형제들의 것이다. 교사나 친구, 가까운 주변 사람의 확신인 경우도 많다. 교회, 유치원, 학교, 텔레비전, 광고, 잡지가 불어넣은 확신도 드물지 않다……. 그것은 모두 다른 사람들의 의견이나 도덕관이다. 당신의 삶에 중요한 역할을 한 사람은 당신의 믿음에 한몫했다. 당신은 태어나기 전에, 당신이 생각을 할 수 있기 오래전에 자신이 누구이며 이 세상에서 어떻게 행동해야 하는지 가르침을 받았다.

당신은 옳고 그름, 아름다움과 추함, 좋고 나쁨, 그리고 사회적인 도덕관을 배웠다. 당신은 일찌감치 판단하고 평가하는 것을 배웠다. 오늘날엔 부모, 학교 교사, 친구들의 도덕과 가치관에 기초하여 판단을 한다. 당신은 그들의 믿음과 비전을 삶의 지침으로 삼고 살아간다. 당신은 다른 사람을 판단할 뿐 아니라 당신 자신도 판단한다. 대부분 부모님이 당신을 바라봤던 관점과 똑같은 시각에서.

당신은 그렇게 자신을 평가한다. "난 결코 그 일을 제대로 해낼 수 없어. 난 돈이 없잖아. 난 실패자야. 난 못생겼어. 난 그럴 권리도 없어. 난 아무것도 할 수 없어. 뭔가 되리라고 생각하지 않아. 다른 사람들이 훨씬 똑똑하고 잘해."

이런 생각이 떠오른다면 누구에게 그런 말을 들어왔는지 생각해보라. 오랫동안 그런 말을 듣다 보니 당신은 그것을 진실로 받아들이게 됐다.

이런 옛—부분적으로는 무의식에 침투된—믿음의 패턴들을 간파하려면 그런 말들을 기록해보는 것이 효과적이다.

● 어릴 때부터 자주 들어왔던 말들을 써보라. 기억 속에 간직해온 온갖 부정적인 말들, 끔찍했고 당신에게 상처를 주었던 모든 말들을 떠올려보라. "넌 못해. 이리 줘, 내가 할게. 넌 너무 멍청해서 이 일을 할 수 없어. 생긴 것 못지않게 행동도 굼뜨구나. 그래 가지고선 뭐 하나 제대로 할 수 있겠니."

● 시간을 두고 생각해보라. 기억을 되살려 적어보라.

목록은 아주 길어질지도 모른다. 하지만 걱정하지 말라. 당신만 그런 것이 아니다. 사람들 대부분이 그러하다.

상처를 경험했던 적이 아주 오래전―때로는 30, 40, 50년 전―의 일이었고, 당신은 이미 성인이 되었고, 성숙했다고 하더라도 그 말들은 여전히 당신 안에서 삶에 영향을 끼치고 있다. 기가 막힐 노릇이다.

그런 말들을 기록하는 것만으로도 묻혀 있던 것이 다시금 드러난다. 이미 오래전에 지나갔다고 믿었는데, 자세히 관찰해보면 이런 말들이 여전히 마음속 깊은 곳에서 작용하고 있다는 사실을 깨닫게 된다. 당신이 예나 지금이나―종종 완전히 무의식적으로― 부모님이 경솔하게 내뱉었던 말들을 확신하기 때문에 당신은 삶에서 당신의 결점을 끊임없이 확인하게 된다.


나도 그런 말들을 진실로 받아들였다. 어렸을 적 어머니가 무심코 던졌던 말들이 수십 년간 내 속에서 버팅기고 있었다. 나중에 어머니가 부끄러워하며 고백한 바에 따르면 어머니는 내가 세상에 태어나자마자 "썩 잘생기지는 않았네" 하고 나에게 인사했다. 그 후에도 여러 번 그런 말을 했을 것이다.

이런 말은 오랜 세월 동안 나에게 진실이 되었고 엄청난 열등감을 조성했다. 어머니는 별 뜻 없이 말했을 테지만, 내 가슴속에는 이 말이 콕 박혔다. 나중에 다른 사람들이 나에게 호감을 표현하고, 잘생겼다고 해도 나는 그 말을 믿지 않았다. 반면 잘생기지는 않았지만, 개성 있어 보인다고 하면 나는 그 말을 받아들였다.

부모님에게서 들은 말을 모두 진실로 받아들인 사람은 당신 혼자만이 아니다.

그런 말들을 떠올리며 적어가다 보면 당신은 슬프거나 화가 날 수도 있고, 피곤하거나 기분이 처질 수도 있다. 가슴속에서 올라오는 모든 감정을 받아들여라. 당신은 이 모든 감정을 이미 오래전부터 간직하고 있었다.

● 삶을 결정한 이 모든 말을 기록한 다음 긍정적인 말로 바꾸어 보라. "넌 못해"라는 말은 "난 하고 싶은 건 모두 다 할 수 있어"라고, "그래 가지고 결혼이나 제대로 하겠어"라는 말은 "나하고 결혼하는 사람은 땡 잡은 거야!"라고, "넌 정말 말썽만 일으키는구나!"라는 말은 "내 인생의 모든 사람에게 난 선물 같은 존재야"라고, "넌 너무 뚱뚱해"라는 말은 "나는 있는 그대로의 나를 사랑해"라는 말로 말이다.

당신이 이런 말들을 긍정적으로 바꾸면 당신의 이성은 새롭게 정돈된다. 지금까지 '진실'로 받아들였던 것에 대안이 있다는 것을 깨닫게 될 것이다.

이제 "그때 누가 나한테 이런 말을 했지?"라는 질문을 던지면 당신은 종종 당신이 들었던 말은 당신을 두고 한 말이 아니라 당시 그 말을 한 사람이 스스로 그런 확신에 사로잡혀 있었다는 것을 알게 될 것이다. 그는 단지 자신의 입장에서만 생각했다. 자신의 문제에 얽매어 있었을 수도 있고, 과로했거나 마음이 급했을 수도 있고, 배우자와 사이가 안 좋았거나 재정적으로 어려움에 처해 있었을 수도 있다.

어른들은 종종 어렸을 때 들었던 말을 되풀이하는 경우가 많다. 나의 부모님도 마찬가지였다. 자라면서 들었던 말을 아무 생각 없이 자식에게 전달했던 것이다.

이제 당신은 이런 악순환에서 벗어나야 한다. 그 말이 당신을 깊이 생각하고 건넸던 말이 아닌 것을 상기하자. 어린아이다운 창조성, 호기심, 생동감과 잠재력을 알아보지 못했다는 것을 기억하자. 부모님이 힘든 나머지 귀찮아서 건성으로 내뱉은 말이었다는 것을 인정하자. 그런 사실들을 떠올리면 이런 문장은 점차 당신에게서 멀어져간다. 긍정적인 문장으로 바꿔보자. 당신은 변할 것이다.

당신은 부정적인 옛 확신에서 벗어날 기회를 맞았다. 그런 말들을 했던 사람들을 원망하지 않고, 사랑과 애정을 그 사람들에게 돌려줄 때 부정적인 말들에서 벗어날 수 있다. 이것이 가장 쉬운 방법이다.

● 당신이 기록해놓은 부정적인 말들의 리스트를 실제로 말한 사람에게 건네주고 돌아서는 장면을 상상하라.

당신에게 그런 말을 주입했던 사람들은 그 이상 좋은 행동을 할 능력이 없었다. 하지만 이 사실이 그들이 좋은 사람인지 나쁜 사람인지를 의미하는 것은 아니다. 그들 역시 실수와 한계가 있는 평범한 사람들이었다.

원망과 분노를 간직하고 있는 한<br>부정적인 믿음과 확신에서 벗어날 수 없다.

그러므로 긍정적인 문장에 집중하고 포커스를 맞추는 것이 좋다.

- 긍정적인 대응에서 나오는 힘과 기쁨을 느껴라. 긍정적인 문장과 동일시하라. 부정적인 확신은 점점 감소하여 당신의 삶에서 떠나가는 것이 느껴질 것이다.
- 작은 의식을 행하면 효과가 크다. 당신이 기록한 부정적인 말들을 안전한 장소에서 소각하는 것이다.
- 소각하면서 내면 깊숙이, 더 이상 유효하지 않은 옛 확신들이 떨어져 나가는 것을 느껴라. 당신 내면에서 올라오는 감정들과 당신의 삶에서 떠나가는 감정을 느껴라.
- 그렇게 해서 생겨난 빈자리를 당신의 긍정문으로 채워라. 집중해서 실행하라.
- 긍정문을 큰 소리로 또박또박 말하라. 그것들을 당신의 새로운 확신으로 삼아라. 그런 말들이 지닌 힘을 느낄수록 바라던 공명장이 더 빨리 구축된다.

당신은 인생을 변화시킬 수 있다. 하루아침에 변화시킬 수도 있다. 이런 새로운 경험을 일상에서 익숙하게 받아들이는 것이 중요하다. 새롭게 의미를 찾은 확신이 당신의 의식 깊숙이 뿌리 내릴 때까지 반복해야 한다.

변화는 생각보다 빨리 찾아온다.

세미나에 참가한 어느 여성은 예전의 확신 문장들을 함께 불태우고 긍정적인 새로운 문장으로 교환한 밤, 인생이 완전히 바뀌었다고 고백했다. 그녀의 부정적 확신은 그녀가 전혀 사랑스러운 여자가 아니라는 것이었다. 특히 남자들이 호감을 가질 타입이 전혀 아니라고 했다. 실제로 그녀는 남편에게 사랑을 받지 못하고 있었다. 그녀의 남편은 부정적인 확신을 발산하고 있었다.

그런데 다음 날, 그 여성이 눈을 반짝이며 놀라운 사실을 말했다. 자기가 전날 세미나에서 뭘 했는지 말해주지도 않았는데, 어제 저녁 남편은 아주 오랜만에 그녀를 안아주고 부드럽게 애무를 해주었다고 했다. 그녀는 남편의 팔에 안겨 오래토록 울었고, 남편의 팔베개를 벤 채 아침에 깨어났다고 했다.

공명장을 변화시키면 주변 세계가 변한다. 자신의 공명장, 즉 자신의 진동을 변화시키는 것이 훨씬 효과적이다. 그렇게 할 수 있다면 당신은 당신의 고정관념을 해체할 뿐 아니라 주변 사람들의 행동방식에도 영향을 줄 것이다. 그리고 갑자기 기적처럼 상황이 변한다. 그러

나 사실은 기적이 아니다. 그 뒤에는 스스로를 변화시키고 바꾸려는
당신의 준비된 자세와 용기가 있을 따름이다.

# 미래를 향한 공명장을 만들고 싶으면
# 먼저 과거를 용서하고 떨쳐내라

|

사람은 자신이 하는 일에만 책임이 있는 것이 아니다.
하지 않는 일에도 책임이 있다.
_노자

|

많은 사람들이 "놓아 보내는 것이 그렇게 쉬운 일이 아니다"라고 말한다. 그렇다. 맞는 말이다. 하지만 옛 것을 떨쳐 내지 못하는 이유는 '용서하지 못하는 마음'에서 비롯된 경우가 많다.

당신은 용서할 수도 없고, 용서하려고도 하지 않는다. 당신에게 깊은 상처를 준 사람에게는 더더욱 그러하다. 바로 그런 이유로 당신은 과거를 잠잠히 내버려 두지 못한다. 당신은 당신에게 피해를 입힌 사람이 대가를 치러야 한다고 생각한다. 그러나 그들은 대가를 치르지 않는다. 당신만 그 사실을 깨닫고 억울해할 뿐이다.

용서하기 전까지 당신은
자신의 인생을 가로막고 있을 뿐이다.

어떤 사람도 당신에게 다른 사람을 용서하라고 강요할 수 없다. 하지만 당신은 용서하지 않으면 엄청난 감정적 대가를 치러야 한다.

예를 들면 당신은 힘들었던 상처나 부당한 경험을 아주 많이 떠올린다. 그리고 그것들을 떨쳐 내지 못하는 한 비슷한 상처나 부당한 일들을 계속해서 경험한다. 공명의 법칙에 따라 그런 일들이 당신의 삶에 끌려 들어오기 때문이다.

그 현상이 불공평해 보이고, 나쁜 일을 한 사람이 벌을 받아야 공정하다고 생각한다. 하지만 이런 상처의 후유증은 고스란히 당신에게 남고 만다.

아마도 당신이 용서하지 못하는 그 사람은 오래전에 모든 것을 잊어버리고 새로운 삶을 시작하여 행복하게 살고 있을지도 모른다.


당신이 놓아주지 못하고, 계속 슬픔에 젖어 복수심을 불태우고 있다면 그 대가를 당신이 홀로 겪게 될 것이다. 그런 분노와 슬픔의 공명장에 사로잡히고, 주변 세계가 진동을 맞추어질 것이다. 당신은 세상이 아주 부당하게 보일 것이다. 당신뿐 아니라 다른 사람들도 비슷하게 살고 있다는 것을 실감하게 하는 슬픈 이야기를 아주 많이 듣게될 것이다. 즉 생각이 같은 사람들을 많이 발견하게 될 것이다. 비슷한 것끼리 끌릴 테니까.

결국 당신이 자신을 위해 어떤 공명장을, 즉 어떤 세계관을 구축할까 하는 것은 언제나 당신 자신이 결정하는 것이다.

수년 동안, 때로는 몇 십 년째, 심지어는 일생 동안 마음속 잡념을 떨쳐내지 못하는 사람들이 있다. 용서하지 못하는 태도는 종종 그 사람의 인상에서도 나타난다. 오랜 세월 동안 품고 있는 괴로움은 얼굴에도 새겨진다. 이런 사람들은 생각의 매듭에 갇혀 계속해서 같은 말을 되풀이하여 주변 사람들을 지치게 만든다. 점점 고독해지고 점점 고립되어가는 사람들을 주변에서 볼 수 있다. 그들은 대부분 질병까지 앓고 있다.

당신도 그런 사람이 되고 싶은가?

좋다. 당신은 한 사람 때문에 괴로움을 겪었다. 정말이지 그 일은 부당하고 화가 나고 마음 아픈 일이었다. 그러나 당신이 그 사람이 계속해서—오늘 그리고 인생이 끝날 때까지—당신과 당신의 삶에 그렇게 많은 힘을 행사하도록 놔두고 싶은가?

용서는 언제나 당신 안에 존재하고 있다. 용서하지 않는다는 것은 성장하지 않기로 결정한 것이다! 당신은 계속 제자리에 머물러 있은 채 다른 사람이 당신의 삶을 좌우하는데도 가만히 있다. 그 사람은 오래전에 세상을 떠났거나 좋은 파트너를 만나 행복하게 살고 있는데, 당신만이 여전히 불화의 고리에 얽매여 있는 것이다.

다른 사람들을 용서하지 못하면

그 사람들은 계속 당신의 인생에 힘을 행사할 것이다.

그것을 원하는가?

용서하지 못하고 옛 상처들을 떨쳐내지 못하는 한 당신은 새롭고 놀라운 경험을 하지 못할 것이다. 당신은 슬픔과 복수의 공명장에 사로잡혀 계속해서 불행한 사건을 삶에 끌어들이게 될 것이다.

● 한동안 슬픔의 시간을 보낸 후(이 시간은 유익하다. 슬픔을 통해서만 당신은 상처를 지울 수 있기 때문이다) 다시 심기일전하여 새로운 비전을 세운다. 지나간 과거에 더 이상 힘을 싣지 않는 것이 중요하다. 그렇지 않으면 과거가 현재의 삶을 지배할 우려가 있다.

상처를 받은 지 수십 년이 지나 그때의 일을 다 잊었는데도, 감정만은 여전히 붙들고 있을 수도 있다. 이런 감정은 모호하고 파악하기도 힘들다. 감정을 파악하기 위해서는 살아오는 동안 당신이 겪었던 상처들을 현재로 불러들이는 것이 도움이 된다. 기록을 해보는 것이 가장 좋다.

● 살면서 겪었던 모든 상처들을 기록해보라. 기록하면서 정체되었던 에너지가 봇물처럼 터지더라도 놀라지 말라. 분노나 슬픔이 새롭게 밀려올 수도 있다. 그 감정들을 받아들이되 판단은 하지 말라.
● 상세하게 기록하라. 다른 사람들에게는 중요하지 않지만 당신에게는 아주 중요한 것들이 있을 수 있다.
● 스스로를 제한하지 말라. 올라오는 모든 것은 정당한 것이다.
● 시간적 여유를 가져라. 여러 날이 걸릴지도 모른다. 과거의 상처에

몰두하기 시작하면 오래전에 묻혀 있던 기억의 채널도 열릴 것이다.

● 모든 사람이 무수히 많은 상처들을 안고 살아간다는 것을 의식하라. 당신만 그런 것이 아니다.

● 차분하게 목록을 바라보라. 그중 많은 것들은 아주 오래전에 겪었던 일일 것이다. 어떤 것들은 거의 잊어버리고 있었을 것이다. 그런데도 그 상처들은 당신을 놓아주지 않고 당신의 삶을 규정해왔다.

● 이 목록에서 어떤 사람에게 계속 영향을 받을 것 같은가? 어떤 사람은 떨쳐낼 수 있다고 생각하는가?

● 작별하고 싶은 사람이나 사건들을 체크하라. 작별한다는 것은 자유로워진다는 의미이다. 새로운 시작은 용서와 더불어 찾아온다.

● 아직도 털어낼 수 없는 것이 있는가? 솔직하고 정직하게 말하라. 속이는 것은 의미가 없다. 공명장은 속지 않는다.

● 용서할 수 있는 사람이나 사건은 목록에서 삭제하라. 가위로 잘라내면 된다.

● 종이쪽지들을 내화성 용기에 담아 안전한 곳에서 소각하라. 소각하는 동안 그 사람 혹은 사건이 당신에게 일깨워준 교훈을 감사하게 받아들여라. 원망하지 말고 그들을 당신의 인생에서 퇴장시켜라. 그런 경험을 할 수 있었던 것에 감사하라. 당신은 이런 경험을 통해 더 성숙해지고 의식 있는 사람이 되었다. 떠나는 그들에게 사랑과 애정을 담아 멋진 삶을 살기를 기원하라.

● 이런 의식을 통해 당신이 얼마나 자유로워지는지 느껴보라. 숨을 들이마시고, 새로운 공간이 열리는 것을 느껴보라.

● <u>새로운 의식을 하고 잠자리에 들라.</u>

조만간 과거에 알던 누군가가 연락을 해와도 놀라지 말라. 그 사람은 당신의 인생에서 떨어져나간 것을 느낀 것이다. 당신의 작업이 얼마나 효과가 있는 것인지 알게 되는 신호가 될 것이다. 당신은 목록에 있는 다른 사람들에게도 관심을 갖게 될 것이다.

빨리 놓아 보낼수록 당신의 공명장도 그만큼 빨리 변한다. 지금까지 몰랐던 느낌과 감정을 경험하게 될 것이다. 낯설더라도 그 상황에 자신을 맞춰라. 당신은 드디어 새로운 걸음으로 새로운 길을 갈 수 있게 되었다.

# 공명을 향한 첫 걸음: 과거에 대한 인식부터 바꿔라



많은 사람들은 미래를 바꿀 수는 있어도 과거를 바꿀 수는 없다고 주장한다.

그러나 당신의 미래는 많은 부분이 과거에서 비롯된다. 때문에 당신이 약간이나마 과거에 영향을 끼칠 수 있다면 좋을 것이다.

양자 물리학자들은 당신이 그럴 수 있다는 것을 증명했다.

당신은 오래전부터 과거를 바꿔 미래를 새롭고 유쾌하게 만들어낼 수 있다는 것을 알고 있었다. 정확히 말하자면 당신은 계속 그 일을 하고 있다. 하지만 유감스럽게도 당신은 당신의 과거를 종종 자신에게 불리하게 변형하여 미래에서도 부정적인 영향을 끼친다. 이것이 어떻게 가능할까?

알다시피 절대적인 진실이란 존재하지 않는다. 단지 주관적인 진실이 존재할 뿐이다. 같은 경험을 하더라도 기억은 저마다 다르다. 나

폴레옹 보나파르트는 "역사는 대부분 사람들이 협의한 거짓말이다"
라고 했다. 당신의 기억 역시 당신이—스스로와 더불어—협의한, 과
거에 대한 주관적인 인식에 근거한다. 그것이 진실과 꼭 맞아떨어질
필요는 없다. 기억의 장면들은 당신의 상상 속에서만 그렇게 전개된
것이다. 당신은 경험들을 주관적으로 느꼈기 때문이다. 당신은 과거
의 특정한 때에 상처받고, 무시당하고, 거부당했다. 이런 느낌의 영향
으로 다른 경험들을 판단했을지도 모른다.

일기를 쓰는 사람은 이런 현상을 잘 알고 있을 것이다. 기억을 기록
하다 보면 주관적인 감정이나 느낌이 들어간다. 때로 사람들은 기억
을 미화하기도 하고, 처음 느꼈던 것과 다르게 바라보기도 한다.

비슷한 경험을 계속하다 보면 기억이 변할 수도 있다. 그 경험은 하
루하루 뉘앙스가 조금씩 변한다. 다른 사람들에게 이야기를 하다 보
면 경험은 더 아름다워지고 다채로워진다. 당신은 당신이 한 말을 추
가하고, 정당한 논리와 행동을 끼워 넣고, 스스로를 점점 영웅시한다.
혹은 당신에게 일어난 부정적이거나 부당한 일을 좀 더 부풀려 말하
기도 한다.

당신은 무의식적으로 매일매일 당신의 과거, 당신의 개인적인 이
야기를 변화시킨다. 그리고 세월이 흐르면서 실제로 벌어졌던 일보
다 당신이 덧붙인 기억을 믿기 시작한다.

당신은 변형된 기억으로 공명한다. 당신은 그 기억을 받아들인다.
이런—굉장히 인간적인—행동은 당신의 미래에 아주 중요하다.

프린스턴 대학의 물리학자이자 알베르트 아인슈타인의 동료였던

존 휠러는 인간이 어떤 일을 관찰하는 것만으로도 그 일에 영향을 끼칠 수 있다고 주장했다. 그는 직접 참여하지 않고 보는 것만으로도 창조적인 작업이 될 수 있다고 결론을 내렸다.

놀랄 일이 아니다. 당신은 이미 당신이 관찰하는 모든 경험에 주관적인 생각, 감정, 확신을 가지고 있다. 당신의 판단은 세상과 연결된 공명장을 만들어내기에 충분하다.

당신의 삶, 업적, 커리어, 성공과 실패, 파트너십과 인간관계, 재정 상태를 관찰하는 것은 한편으로 당신의 '확신의 거울'을 들여다보는 것이다. 당신은 과거에 그런 확신으로 공명장을 만들어냈다. 이제 과거를 어떻게 평가하고 판단하느냐에 따라 새로운 공명장이 만들어진다.

당신은 과거를 관찰하여

미래를 바꿀 수 있다.

당신은 지나간 일들을 새롭게 바라보면서 새로운 생각 속에서 과거를 바꿀 수 있다.

당신은 기억을 의식적으로 되돌아볼 수 있다. 당신이 그 상황을 겪고 나서 배운 것은 무엇인가? 겪고 나서 얼마나 강해졌는가? 당시 상황에서 그때와 다르게 행동하고 대처했다면 지금 당신은 어떻게 달라졌을까? 지금처럼 힘이나 능력을 소유하게 되었을까?

당신은 스스로 극복했던 위기와 역경을 거쳐 지금처럼 놀라운 인격의 소유자가 되었다. 과거의 고난과 실패를 헤쳐나가면서 당신은 새로운 생각을 하게 되었고, 용감하고 씩씩하게 새 출발을 할 수 있지 않았는가?

실패 없는 인생은 없다. 문제나 어려움 없는 인생은 희망사항일 뿐이다.


삶은 당신에게 많은 장애물을 안겨준다. 그러나 장애물은 생각처럼 나쁜 것이 아니다. 장애물을 통해 더 강인해질 수 있다. 인생에서 위기와 역경을 많이 겪어본 사람만이 새로운 도전에 맞설 수 있다.


지나간 위기는 우리의 커다란 잠재력이다.


위기에서 얻을 수 있는 것을 찾고, 옛 상처에 얽매이지 말고 고난을 통해 획득한 잠재력을 활용해야 한다. 그럴 때만이 당신은 당신의 역사, 즉 당신의 과거를 성공으로 이끌 수 있다. 또한 삶의 매 단계마다 성장했다는 것을 인식하게 된다.

잠재력은 순식간에 활용할 수 있게 될 것이다. 당신은 자기 삶의 성공과 함께 공명한다. 당신은 성공의 잠재력을 우주로 보내게 되고, 공명의 법칙에 따라 또 다른 성공을 당신의 삶으로 끌어들인다.


당신이 과거를 보는 시각에 따라

- 당신이 과거에 어떤 능력을 연마했는지 인식하라.
- 위기를 헤쳐나갈 때 당신에게서 어떤 강점을 찾아볼 수 있었는가?
- 위기를 겪고 나서 새로운 길이 보였는가? 당신에게 능력이 생겼다는 것이 느껴졌는가?
- 실패가 없었더라면 그 모든 것을 경험할 수 없지 않았을까?
- 당신을 강하게 만든 것은 무엇인가? 빠짐없이 적어보라.
- 당신의 작은 성공스토리를 적어보라. 당신 삶의 놀라운 역사를 적어보라. 당신은 그 역사의 주인공이다. 당신은 불가능한 일을 수없이 해결했다. 항상 다시 일어서서 능력을 증명했다. 당신은 장애물을 극복하였고 문제를 해결했다.
- 자기 자신을 자랑스러워하라.
- 생각날 때마다 당신의 성공 이야기를 보완하라. 끊임없이 관심을 가져라.
- 당신의 성공 이야기에 관심을 가질수록 성공한 인간의 공명장이 커진다. 바로 당신이 성공한 인간이다!

당신이 무엇을 배웠는가 하는 관점에서 바라볼 때 과거는 바뀔 수 있다. 미래는 과거를 관찰하는 방식에서 형상화되기 시작한다. 이런 인식에서 어떤 효과를 끌어낼 것인가는 당신 자신의 결정에 달려 있다.

● 지금 이 순간, 완전히 새로운 공명장을 구축할 것을 결심하라.

● 힘은 당신 안에 있다. 언제나 당신 안에 있었다. 지금까지 당신이

일깨워주기를 기다리고 있었는지도 모른다.

# 이제 '공명의 법칙'으로 새로운 삶을 시작하라

우리 앞의 것과 우리 뒤의 것은
우리 안의 것과 비교가 되지 않는다.
우리 안에 있는 것을 외부 세계로 실어가면
기적이 일어난다.
_헨리 데이빗 소로우

인내심을 갖되, 부담을 느끼지 않게 유의하면서 '새로운 삶'을 시작하라. 한 걸음 한 걸음 계획된 변화 속으로 들어가라.

쉽게 실천할 수 있는 계획부터 세워라. 당신은 더 큰 계획을 실천하기 위한 용기를 얻게 될 것이다. 결코 목표를 잃지 말라. 그렇다고 당장에 목표를 이루어야 한다는 강박관념에 빠지지는 말라. 미래의 계획을 계속해서 의식한다면 아무것도 강압적으로 할 필요가 없다. 놀이처럼 쉽게 하면 새로운 가능성이 보일 것이다. 또한 당신의 계획에 도움을 줄 수 있는 사람들이 나타날 것이다. 당신의 소망과 공명하면 결정을 내리고 새로운 걸음을 내딛는 일이 쉽게 이루어질 것이다. 하지만 하루 빨리 모든 것을 한꺼번에 변화시켜야 한다고 마음을 먹으면 부담을 느끼게 된다. 소망과 함께 성장하지 못하고 변형된 공명장들을 의식적으로 유지할 수 없기 때문이다.

물론 당신은 소망하는 것을 이룰 수 있고, 당신 삶으로 끌어당길 수 있다. 그러나 당신이 소망하는 것이 언제나 당신에게 행복을 가져다주는 것은 아니다. 때로 당신은 당신 자신이 바라는 것에 미치지 못할 수 있다. 열등감이나 사랑받지 못한다는 감정이 당신의 행복을 방해한다. 급하지 않게 한 걸음 한 걸음 전진하면 당신은 목표를 이루어가며 성장할 수 있다. 당신은 변화를 겪으면서도 성장을 거듭하고 불가능한 것으로 여겼던 목표를 의외로 빠르게 이룰 수 있다. 무엇보다 당신은 행복하다. 당신은 목표에 도달하고 다시 새로운 계획을 발견한다. 계속 성장을 하다 보면 당신은 새롭고 흥미로운 커다란 소망들을 발견하게 된다.

당신은 계속 움직일 것이다. 당신 삶에서 확실한 것 하나는 '변화'이다.

그러나 당신은 당신 인생의 변화를 조종할 수 있다. 마치 자동차를 운전하는 것과 같다. 당신은 운전을 하면서 기쁨을 감지한다. 그렇지 않다면 가는 길 내내 괴로울 것이다.

그러나 삶의 운전대를 잡고 가면서 기쁨을 느끼며 마음이 안정된다면 삶을 원하는 방향으로 조종할 수 있다.

● 삶에서 무엇을 변화시키고 싶은지 어떤 변화를 이루고 싶은지 확실히 알고 싶다면 인생에서 이루고 싶은 희망을 적어보라.

● 크게 생각하라! 당신이 바라는 것이 어렵거나 불가능하게 여겨져도

<u>스스로를 제한하지 말라.</u>

● <u>모든 것을 기록하라. 가능하면 상세하고 정확하게 기록하라. 당신 안에 내적인 이미지가 떠오를 정도로 구체적으로 기록하면 더욱 좋다.</u>

● <u>인생을 주기로 생각하라. 10년 후 당신은 어디에 있고 싶은가? 20년 후에는? 상상할 수 있는 가장 아름다운 비전을 스스로에게 선사하라.</u>

● <u>오랫동안 유지되는 공명장은 엄청난 힘을 행사한다. 장기적인 효과를 생각하라!</u>

# 행복한 삶을 꿈꾸는 당신에게: 성공적인 '공명'의 실천 방법



이제 당신은 당신의 소망을 삶 속에 끌어들이고, 실현해나가는 원리와 실천방법을 깨달았다. 하지만 과연 꾸준히 공명의 법칙을 실천해나갈 수 있다는 확신이 드는가? 나는 간혹 여러 독자들에게 비슷한 이메일과 전화를 받곤 한다.

"당신의 책을 읽고 나면 지금까지 삶을 무의미하게 살았다는 걸 깨닫게 돼요. 그리고 삶을 바꿀 수 있다는 자신감과 소망을 실현할 수 있는 해답을 어렴풋이나마 짐작해요. 하지만 생각만큼 그 방법을 실천해나가기가 쉽지 않아요. 구체적인 방법을 가르쳐주세요."

사실 이러한 이야기를 들으면 나는 안타까운 마음이 먼저 든다. 각자가 처한 현실, 제일 먼저 가치를 두고 있는 소망, 가장 먼저 해결해야 할 문제 등은 다를 수밖에 없다. 때문에 실천적인 방법은 사람마다 다를 수밖에 없다. 또한 공명장을 만들 때의 집중이나 횟수에 따라서도 실천 방법이 다를 수밖에 없다. 공명은 당신이 당신만의 특성을 파악하고, 그 특성을 토대로 세상과 소통하는 방법을 찾아가는 과정이다.

당신에게 가장 완벽한 공명은

오직 당신만이 만들 수 있다.

책을 통해 '공명의 법칙'을 소개한 저자로서 내가 가장 막중한 책임감을 느끼는 순간은 바로 위와 같은 독자들의 이야기를 들을 때다. 공명의 원리와 공명장의 효과, 긍정적인 에너지가 무엇인지 깨닫고도 실천에 어려움을 겪고 있는 독자들과 차츰 공명의 법칙에서 멀어져가는 독자들은 분명히 존재한다. 그래서 공명의 법칙을 일상화할 수 있는 실천 방법을 소개할까 한다. 하지만 독자들이 반드시 유념해야 할 것은 내가 제시하는 사례들이 정답이 아니라는 것을, 당신이 주도적으로 공명장을 만드는 과정에서 단지 조언을 해주는 것이라는 점을 분명히 밝히고 싶다.

● 공명장을 만들기에 앞서 누누이 강조한 것이 기억나는가? 그렇다. 우선 당신이 현재 어떤 공명장에 놓여 있는가? 주변을 둘러보고 당신의 일상을 떠올려보라.

● 당신이 진정으로 소망하는 것은 무엇인가? 재정적인 문제, 의사에게 전혀 치유할 방법이 없다고 들은 건강의 문제, 답이 보이지 않는

취직에 대한 고민, 사회에서 고립되어가는 두려움, 이성관계가 원활하지 못한 걱정…… 지금 처한 상황에서 가장 간절히 바라는 것 하나를 선택하라.

● 당신이 현재 놓여 있는 공명장과 당신이 바라는 소망 사이의 거리감을 확인하라. 현실에 대한 인식과 당신의 소망이 무엇인지 확실히 아는 것이 중요한다.

소망을 확실히 인지했다면 이제 공명장을 만들어야 한다. '공명의 법칙'을 실천하지 못하는 사람들은 대개 이 단계에서 어려움을 느끼고 포기한다. 현실과 소망 사이의 괴리감만큼이나 공명을 향한 열정과 꾸준한 실천에 대한 격차가 차츰 멀어지는 것을 느끼며 지쳐버리고 마는 것이다. 무엇보다 '공명의 법칙'을 당신의 일상에서 뿌리 내리는 것이 중요하다. 그렇기 위해서는 몇 달간이라도 일정한 장소에서 일정한 시간에 맞춰 공명장을 구축하는 훈련이 필요하다.

● 하루에 두 번, 15분씩 공명의 장을 만드는 명상을 하라. 두 번이나 시간을 내기 어렵다면 최소 한 번은 반드시 실천하라. 석 달 동안 정해진 시간과 장소에서 규칙적으로 실행하라.

● 당신이 가장 편안하게 느끼는 공간은 어디인가? 집이 편안한가, 혹은 직장이 편안한가? 아늑하고 평화로운 기분에 젖어드는 단골 카페가 있는가? 당신이 가장 편안하게 느끼는 공간에서 공명장을 만들어라.

● 하루 중 마음이 가장 여유로운 시간은 언제인가? 집중이 잘되고, 다른 사람들이 당신을 찾지 않는, 온전히 당신 자신에게 투자할 수 있는 시간은? 주변세계에서 벗어나 멀리 떨어져 전체를 조망할 수 있는 15분의 시간이 필요하다.

사실 공명장을 만드는 것을 굳이 규칙적으로 실행할 필요는 없다. 다만 공명의 법칙과 공명장을 처음 접한 독자라면 공명에 빠져들고, 긍정적인 에너지를 만들고, 공명장을 통한 진동을 느끼기까지 꾸준한 연습이 필요하다. 공명장의 강도와 소망에 대한 집중력에 따라 '석 달'이라는 시간이 앞당겨질 수도, 멀어질 수도 있다. 하지만 평균적으로 볼 때 최소한 석 달은 이러한 연습을 반복해야 한다.

연습과 함께 병행해야 하는 것이 2부에서 소개한 '공명의 제8법칙: 익숙한 곳에 소망이 보이게 하라'와 '공명의 제9법칙: 목소리로 소망의 이미지를 구현하라'이다. 공명장을 만들 때에만 당신의 소망을 불러내지 말고, 당신의 공간에—냉장고 문에, 사무실 책상 위에, 거울 앞에—그림을 그리거나 글씨로 이미지를 만들어라. 혹은 부드러운 목소리로 당신의 내부에서 긍정적인 에너지를 만들 수 있도록 노력하라.

'공명의 제5법칙: 올바른 문화활동으로 소망의 에너지를 모아라' 또한 잊지 말라. 자극적인 뉴스매체나 영화 등을 피하라. 15분 동안의 명상과 일상생활 속에서 소망의 이미지를 만드는 꾸준한 연습이 잘못된 문화적인 습관으로 전혀 효과를 보지 못할 수 있다. 말초적인 신경을 자극하는 이런 매체를 대하는 대신 '공명의 제4법칙: 행복한 곳에서 희망에너지를 느껴라'에서 내가 조언한 것처럼 당신의 공명장에 긍정적인 힘을 더할 수 있는 사람이나 장소를 찾는 것이 훨씬 도움이 될 것이다.

● 즐겨 듣는 음악이 있는가? 듣게 되면 긴장이 풀리고 여유가 느껴지는 연주곡이 있는가? 음악이 아니어도 좋다. 공명장을 만들 때 당신이 여러 감정에서 벗어나 여유로울 수 있으면 된다. 향을 피워놓고 눈을 감거나 조명을 끄고 촛불을 켜놓은 채 집중을 해도 좋다. 내 홈페이지의 회원 중 어느 중년의 남성은 욕조에 몸을 담그고 눈을 감으면 공명장이 만들어진다는 것이 금방 느껴진다고 한다. 처음 공명을 시작하려는 사람에게는 이처럼 편안한 환경을 조성하거나 매개물을 활용하는 것이 좋다.

● 평소와 다른 호흡법을 활용하는 것도 집중하는 데 도움이 된다. 지금부터 내가 설명할 호흡법은 마음을 안정시키고, 생각을 집중하는 것에 중점을 두고 있다.

● 우선 숨을 들이마시고 잠시 숨을 참아라. 그러고 나서 숨을 다시 내뱉어라. 숨을 들이마시기 전에 또 한 번 숨을 참아라. 간단하게 설명하면 '들이마시기→(숨을) 참기→내쉬기→(숨을) 참기'의 방법이다. 이를 10회에 걸쳐 실행하되, 1회당 20초 정도의 시간을 둔다. 10회를 다 마쳤으면 '들이마시기→(숨을)참기→내쉬기'를 마찬가지로 10회 실행한다. 1회당 15초 정도의 시간을 둔다. 이후 '(숨을)참기'

를 생략하되, 천천히 들이마시고 내쉬기를 반복한다. 1회당 10초씩 실행한다. 이후에는 급하게 들이마시고, 급하게 내쉬기를 반복한다. 똑같이 10회 실행하되, 시간은 2초로 줄인다. 10분이 채 안 되는 시간이지만, 소망의 이미지를 구현하고 에너지를 느끼기에는 효과적인 방법이 될 것이다. 이후 공명장 만들기에 집중하면 좋은 효과를 볼 것이다.

● 여러 회원들이 효과를 봤다는 '신경 자율훈련법'도 추천해주고 싶다. 독일 베를린대학의 정신과 분야의 슐츠 박사가 창안한 훈련법인데, 전 세계에서 명상법으로 활용되고 있다. 우선 가장 편안한 자세로 바닥에 눕거나 소파에 앉는다. 두 팔과 두 다리를 자연스럽게 살짝 벌리고 이 순간이 당신에게 너무 편안하다고 머릿속으로 자신에게 암시를 준다. 1~2분 정도 시간이 지나면 팔이 점점 무거워진다고 생각한다. 이때 팔은 오른손잡이면 오른팔을, 왼손잡이면 왼팔을 연상한다. 단 실제로 팔에는 전혀 힘을 주지 않은 상태에서 떠올려야 한다. 집중이 잘된다면 무겁다는 느낌을 넘어 통증마저 느끼게 된다. 차례로 반대쪽 팔도 무겁다고 암시를 준다. 이러한 훈련을 '경직훈련'이라 하는데, 이렇게 몸에 자극을 주고 난 뒤에는 따뜻한 감각을 불러일으킨다. '오른팔(왼팔)이 따뜻해진다'고 암시를 준다. 팔이 따뜻해진 감각이 느껴지면 반대쪽 팔로, 양다리로 전이시킨다. '복뇌'로 불리는 배꼽 높이의 척추부위에도 따뜻한 감이 느껴지도록 암시를 준다. 이 부위는 태양신경총이라고도 하는데, 교감신경이 정밀하게 펼쳐져 있다고 한다. 이곳에 따뜻한 느낌을 받는다면 성공

적으로 실행하고 있다는 뜻이다. 그러고 나서 심장의 박동에 온 신경을 기울인다. 규칙적인 박동을 점차 천천히 여유 있게 뛰고 있다는 암시를 하고, 이후에는 빠르고 강하게 뛰고 있다고 연상한다. 이 연상 훈련을 5회 정도 마치고 나서 이마 부근에 싸늘한 감각을 불러일으킨다. '아, 시원하다! 점점 시원해진다'는 기분을 느끼도록 집중한다. '신경 자율훈련' 명상법에서는 집중력만으로도 몸의 모든 기관에 자극을 주고 감각을 지배하는 내부의 힘이 있다는 것을 느끼는 것이 중요하다. 그 에너지를 느낀다면 당신은 현재의 공명장에서 벗어나 당신이 바라는 이상적인 공명장을 구축하는 데 당신이 얼마나 큰 힘을 지니고 있는지 깨달을 수 있을 것이다.

다시 한 번 강조하지만, 지금까지 내가 소개한 방법은 '공명의 법칙'의 실천 방법 중 일례를 든 것이다. 공명의 장을 만드는 방법은 개개인의 취향에 따라 다를 수 있다. 당신 스스로 당신에게 이상적인 방법을 찾아내는 것이 가장 좋다.

당신은 내가 소개한 방법을 통해 생각보다 쉽게 공명장을 구축하고, 어마어마한 효과를 체험할지도 모른다. 혹은 아무런 효과도 느끼지 못하고 낙담할 수도 있다. 하지만 설사 공명장의 효과를 느꼈다 하더라도, 엄밀히 말하자면 '아직 당신의 공명장은 만들어지지 않았다'. 공명장을 본격적으로 만들 수 있느냐 없느냐 하는 문제는 이제 당신의 의지에 달려 있다.

또 하나 덧붙이고 싶은 말이 있다. 더 이상 공명을 학습의 개념으로 인식하지 말고, 사고체계로 받아들여라. '공명의 법칙'으로 일상 속의 모든 사람들과 상황에 대처하라. '공명'이라는 세계를 지배하는 매트릭스의 질서를 깨달은 이상, 그 세계를 컨트롤할 수 있는 사람이 돼라. 그러기 위해서는 꾸준히 '공명장'을 만들 수 있는 습관을 길러야 한다. 일시적인 효과만을 노리는 근시안적인 태도에서 벗어나 모든 것에 공명의 법칙을 대입하라. 당신은 점점 더 편안한 상태에서 놀이하듯 재미있게 공명장을 구축할 수 있을 것이다.

마지막으로 당부하고 싶은 것이 있다. 소망을 이루었다고 공명장을 만드는 훈련을 그만두거나 게을리하지 말기를 바란다. 공명을 일상생활에서 그만두는 순간, 당신의 삶은 다시 예전으로 돌아가게 될 것이다. 또한 공명장을 만드는 일이 예전보다 더욱 어렵다는 사실을 깨닫게 될 것이다.

무의식적으로 들이마시고 내뱉는 공기처럼
항상 당신 곁에 공명장을 둬라.
공명은 항상 당신과 함께할 것이다.

이제 당신의 삶에는 긍정적인 영향을 주고받는 사람들과 유쾌하고 흥미로운 일들이 넘쳐날 것이다.